영어 영재 테라피

영어 영재 테라피

발행일　　　2017년 02월 13일

지은이　　　조 헌 영
펴낸이　　　손 형 국
펴낸곳　　　(주)북랩
편집인　　　선일영　　　　　　　　　　　편집　　이종무, 권유선, 송재병, 최예은
디자인　　　이현수, 김민하, 이정아, 한수희　제작　　박기성, 황동현, 구성우
마케팅　　　김회란, 박진관
출판등록　　2004. 12. 1(제2012-000051호)
주소　　　　서울시 금천구 가산디지털 1로 168, 우림라이온스밸리 B동 B113, 114호
홈페이지　　www.book.co.kr
전화번호　　(02)2026-5777　　　　　　　　팩스　　(02)2026-5747

ISBN　　　979-11-5987-332-4 03370(종이책)　979-11-5987-333-1 05370(전자책)

이 도서의 국립중앙도서관 출판예정도서목록(CIP)은 서지정보유통지원시스템 홈페이지(http://seoji.nl.go.kr)와
국가자료공동목록시스템(http://www.nl.go.kr/kolisnet)에서 이용하실 수 있습니다.
(CIP제어번호 : CIP2017003378)

(주)북랩 성공출판의 파트너

북랩 홈페이지와 패밀리 사이트에서 다양한 출판 솔루션을 만나 보세요!
홈페이지 book.co.kr　　　　　　　　1인출판 플랫폼 해피소드 happisode.com
블로그 blog.naver.com/essaybook　　　원고모집 book@book.co.kr

영어교육에 지친 자녀와 부모에게 쉼과 회복을 주는 영어 동화

영어 영재 테라피

조현영 | 지음

북랩 book Lab

부모들은 자녀가 원어민처럼 영어를 말하게 하기 위해 학원이나 영어유치원에 보냅니다. 그런데 정작 아이들은 평생 해야 할 영어를 싫어하여 엄마는 7세부터 중학교 1학년까지의 자녀들을 영어가 다시 좋아지게 해달라고 데리고 옵니다. 영어선생님도 싫고 외국인 울렁증까지 생겨 엄마의 손을 잡고 찾아오게 됩니다. 아이들은 저를 째려보기까지 합니다. 영어가 미워서.

무엇이 문제일까를 들여다 보니, 모두 영어를 좋아할 마음이 생기기도 전에 학습을 시작한 게 문제였습니다. 좋은 결혼생활을 많이 봐야 결혼하고 싶어지듯 영어가 재미있는 세상이라는 걸 알아야 달려가더라도 즐겁게 지칩니다. 그땐 힘들지 않습니다. 멈추라고 해도 재미있어서 계속합니다. 책과 이야기하고 놀며 아이가 변화되는 것을 보며 기뻤습니다. 엄마들도 자녀교육 덕분에 영어책을 좋아하게 되는 게 기뻤습니다.

4살부터 가장 가까이서 엄마의 교육을 받고, 엄마가 하는 아이들 수업을 보았던 20살이 된 아들이 "엄마, 책을 내세요. 엄마는 엄마만의 독특한 영어학습법이 있어요."라고 합니다. 가장 엄마가 집에 있기를 원했던 아들이 사춘기를 거치고 성인이 되고, 이제야 바쁜 엄마가 가지고 있었던 열정의 목적을 이해한 걸까요. 아들은 엄마가 하는 교육법이 다른 사람에게도 전달되면 좋겠답니다.

다른 분들의 많은 제안은 그저 지나가는 말처럼 들렸건만 남편과 두 아들의 격려와 제안은 의무처럼 느껴졌습니다. '그래. 이 긴 시간 영어 동화책을 놓지 못한 이유가 오직 일이었다면 이렇게 오래 달리지는 못했을 것 같다' 돌아보니 늘 뭔가 하나님이 내게 속삭이며 "넌 이것으로 사람들에게 축복의 통로가 되어야 해. 이것이 너를 붙들고 있었던 미션이야."라고 말씀하셨던 것 같았습니다.

성경이나 챕터 북은 너무 어렵게 느껴지니, 이에 앞서 누구에게나 공감과 휴식, 재미를 줄 수 있는 건 그림과 스토리가 아닐까 싶었습니다.

선생님이 들려주시는 'The Big Big Sea'를 듣고 돌아가신 친정 어머님이 생각난다며 눈시울을 적시던 30대 어머님, 선생님이 추천하시는 영어책을 일찍 읽었더라면 사춘기 아이들이랑 덜 힘들고 더 고운 시를 쓸 수 있었을 텐데 하시던 60대 시인 어머님, 심리학을 전공했지만 우리 딸 심리를 모르겠다며 딸을 부탁하시던 어머님도 있었습니다. 성경을 모르던 아이들이 수업 후 'Noah's Ark' 노래를 흥얼거리고, 다윗을 모르는 아이들에게 『David and the Giant』를 읽어주니, 우리 아이가 너무 좋아한다며 이게 무슨 책인지 묻던 초등학생의 어머님, 아이가 선생님이 들려주신 『The Bad Case of Stripes』 책을 읽어주니 안 먹던 콩을 먹는다며 좋아하시던 30대 어머님, 영어를 전공하시고 너무 잘하시는 시어머님이 꼭 가보라고 하셔서 중국에서 잠시 귀국한 길에 강의를 찾아왔다던 4살 아들의 어머님, 강의를 들으시더니 "중국에 오픈하실 생각 없나요?" 하시던 며느리도 있었습니다. "중학교 가기 전에 잠시라도 우리 딸이 영어가 좋아졌으면 좋겠다."며 6학년 딸을 데려오신 어머님, "갑자기 5살 우리 아이가 영어책을 혼자 읽어요." 하며 난감하다고 데려오신 어머님, "아이는 그 나이에 배워야 할 것이 있는데 너무 많이 재촉했구나." 하시며 자녀에 대한 미안함을 얘기하시던 50대 어머님, 영어 울렁증 심한 아내에게 개인 수업 좀 해주시면 안 되냐며 부탁하시던 열정의 아버님까지.

저는 많이 내성적이고 공상이 많은 아이였고, 늘 나서기보다는 관찰하는 아이였는데 이런 성향의 아이들이 참 많은 것 같았습니다. 어릴 때는 꽤나 친척들 앞에서 유행가를 부르며 까불던 발랄한 아이였는데 어느 날 중학교 1학년 어린 나이에 인생을 깊이 고민하게 되었습니다. 삶의 우여곡절을 겪으며 저는 '환경이 달랐더라면'이라는 생각도 했지만 돌아보니 그랬기에 아이들을 더 잘 들여다 볼 수 있었던 것 같습니다. 어떤 면에서 저의 성향을 다시 찾았다는 생각을 한 것은 영어 동화책의 다양한 이야기들을 통해 어린 시절을 생각하며 삶의 위로와 기쁨을 얻게 되면서부터입니다.

그래서일까요, 어느 순간부터 영어 선생님 때문에 영어가 싫었다는 엄마와 아이들에게 조금씩 다가가고 싶어졌습니다. 때로는 욕심이 나서 또 다시 숫자를 매기며 아이들의 영어 점수를 버릴 수는 없었지만 삶을 돌아보니 '이 모든 것이 긴 시간 하나님의 계획이셨구나!'를 깨닫게 되었습니다.

수업을 하며 조기교육, 입시교육으로 지친 아이와 엄마, 아픈 엄마, 슬픈 엄마, 화가 난 엄마, 위축된 엄마, 배움이 짧아 늘 그늘에 있던 엄마들이 다시 제 눈에 들어왔습니다. 너무 공부를 잘했던 나머지 자녀가 이해가 안 되시 힘든 엄마까지. 없는 형편임에도 자녀에게 좋은 것을 주고 싶은 모든 엄마의 마음을 보며 제가 해온 교육이 조금이나마 도움이 되었나 봅니다. 엄마들이 모여 공부하기 시작하며 자녀교육의 열정도 얻고 서로 힘을 얻기 시작했습니다. 결혼하고 10년 만에 용기 내어 다시 시작한 영어지만 엄마의 영어에, 엄마가 읽어주는 책에 아이가 반응한다며 기뻐하는 모습이 너무도 감사했습니다.

20년 전부터 나이도 잊은 채, 열정이 넘치는 30대 엄마들과 매일 즐거운 유치부 아이들, 매일 새로운 걸 찾는 10대 아이들과 함께 영어책으로 수업하며 부딪치는 문제점들을 하나씩 해결하면서 아이는 원하지도 않는 조기유학만이 대안이라 생각하시던 많은 어머님들의 고민을 조금이라도 더 늦추려고 영어책과 함께 하는 7 STEP 학습법을 만들어 냈습니다. "매일 돈, 결혼, 건강식품, 병원, 장례식 이런 이야기만 했는데 미래를 이야기 할 수 있군요. 우리 손자, 손녀는 꼭 책으로 가르치고 싶어요." 하시던 50대 어머님도 생각납니다.

사랑하는 방법과 자녀 교육법을 배우지 못해 서툰 부모로 인해 상처받고 그것을 뭐라고 말도 못하는 아이들이 책 속 주인공을 만나 자신과 같은 상황임을 공감하는 과정속에 세상을 따뜻하게 바라볼 수 있는 십대로 건강하게 성장할 수 있으면 좋겠습니다. 일찍 가는 것은 천천히 느끼며 자연스럽게 가기 위한 것임을 알고 부모가 함께 가면 좋겠습니다.

1999년 당시 불모지였던 이 길에 저의 영어교육에 대한 발상의 전환과 자유로운 접근법을 믿고 와 주신 수많은 어머님들.

신세계(강남, 경기점) 백화점을 비롯한 현대, 롯데 백화점, KEETS 영어 연구소가 만들어질 수 있도록 격려와 자극과 도움을 주신 캐나다 어린이방송국 출신 Ms. Adel, 전 서울대학교 영문과 교수님들(Ms. Leah, Ms. Janet), 저의 성품을 다스려 주시고 기도해 주신 많은 목사님들과 집사님들, 가장 가까이에서 엄마를 이해하고 격려를 해준 저의 사랑하는 가족, 지금까지 저의 가족을 지켜주시고 끊임없이 기발한 교육의 지혜를 주신 하나님께 정말 감사드립니다.

저의 작은 씨앗이, 유학을 감히 꿈꾸지도 못하는 형편이지만 실망하지 않고, 한국 땅에서 건강한 영어 영재를 만드는 시작이 되길 바랍니다. 부산, 울산, 대구, 경기를 거쳐 이제 서울에서 지역은 다르나 세월이 흘러도 엄마의 사랑과 힘겨움은 다 똑같음을 느낍니다. 이 책이 힘든 교육과정에서 모두에게 그 힘겨움을 이겨낼 수 있는 힘이 되길 바랍니다.

　이 모든 사례의 자기 주도석이고 창의성을 살린 다른 접근법이 건강한 영어 영재를 만드는 데에 도움이 되길 바랍니다. 각기 다른 관심과 생각을 가지고 찾아온 학생들에게 좋은 책을 보여주기 위해 한없이 모으고 소장한 많은 책을 지면이 좁아 다 실을 수는 없지만 블로그(KEETS)와 KEETS 영어 연구소를 통해 만남을 계속할 수 있길 기약합니다. 아이들을 통해 하나님의 축복이 각 가정에 평화로 찾아가길 기도합니다.

2017년 2월 겨울에
KEETS 영어 연구소에서

❧ 차례 ❧

머리말 … 04

1. 어린 아가들

첫 만남의 유아 … 17

5살 나비넥타이 신사 … 20

5살에 영어책을 스스로 읽는 아이 … 23

엄마를 지치게 한 4살 아이 … 25

2. 한 가지 분야에 박사가 된 아이들

공룡에 빠진 아이 … 31

터닝메카드를 좋아하는 아이 … 34

의사를 꿈꾸는 아이 … 36

우주에 관심 있는 아이 … 39

공주를 좋아하는 아이 … 42

3. 말하기보다 쓰기를 더 잘하는 아이들

문화센터나 외국인의 과한 동작이 부담스러운 아이 … 47

부끄럼이 많은 5세 아이 … 49

음악을 너무 좋아하고 부끄러움이 많은 아이 … 52

4. 쓰기보다 말하기를 더 잘하는 아이들

활동적인 아이 ··· 59

암기하고 쓰고 외우는 단순학습이 싫은 아이 ··· 61

5. 자기주도적인 아이들

노래와 미술을 좋아하고 스스로 답을 찾기 좋아하는 아이들 ··· 67

영어책을 쓰고 싶은 아이 ··· 70

숲을 보고 나무를 보듯 그림을 다 살피고 책을 읽는 아이 ··· 72

6. 점수 내고 싶은 아이들

전교 1등을 놓치지 않던 중학생 ··· 77

수학을 좋아하는 초등학생 ··· 80

틱 치료를 받으면서도 전교등수를 놓치지 않던 중학생 ··· 82

7. 학습할 의욕이 없는 뭔가 이유가 있는 아이들

동생이 미운 아이 … 87

언니 옆에서 기죽는 동생 … 89

새로 태어난 아가 때문에 엄마 사랑이 고픈 첫째 … 92

잘못된 파닉스 교육으로 영어가 싫어진 6학년 예술가 … 94

부모의 퇴직으로 불안해하던 중학생 … 97

부모의 이혼으로 방황하던 중학생 … 100

까만 피부로 자신의 외모를 속상해 하던 아이 … 103

엄마를 너무 좋아하는 아이 … 105

착한 아이로 자라 학원에 지친 아이 … 108

영어유치원으로 지친 아이 … 110

아버지의 죽음으로 힘들어하던 중학생 … 113

워킹 맘 자녀 … 115

바쁜 아빠가 손님 같은 아이 … 117

조기 유학생활로 한국학교 적응이 힘든 아이 … 119

아토피가 심한 아이 … 122

베이비시터의 자리 … 124

할머니의 육아 … 127

자존감이 낮은 아이 … 129

8. 독특한 분야에 호기심이 많은 아이들

만화를 좋아하는 초등 저학년 아이 … 135

게임을 좋아하는 아이 … 137

요리사가 되고 싶은 초등 저학년 아이 … 140

앉아있기 힘든 초등 저학년 아이 … 143

9. CEO 같은 아이들

아빠의 사업을 중국으로 확장하겠다는 중학생 … 149

10. 결혼으로 꿈을 접어야 했던 엄마들

고등학교를 졸업한 엄마 … 155

내 꿈을 찾아 늦었지만 영문과에 입학했던 엄마 … 157

백혈병에 걸려 죽음과 사투를 벌이고 삶의 끝에서 다시 만난 엄마 … 159

학벌과 부 앞에 상처받은 엄마와 아이들 … 161

갑자기 혼자가 된 듯 쓸쓸하다는 외동자녀 엄마 … 165

난독증이 심한 아가씨 … 167

아기가 생기지 않아 마음이 아픈 예비 엄마 … 169

11. 영어 동화책의 새로운 장을 열어주신 분들

대학강의에 영어 동화책을 활용하고 싶다는 철학과 강사님 … 175

아이들을 위한 공연에 활용하고 싶다던 공연기획사 … 177

유학 혹은 자녀교육으로 해외 생활을 하다가 귀국한 어머님 … 179

점수중심의 입시영어를 가르쳐야 하는 선생님 … 181

영어 책에 흠뻑 빠지게 만들어 준 Ms. Adele … 184

신을 뛰어 넘은 부모의 사랑을 가르쳐준 Ms. Leah … 187

결론 … 193

어린
아가들

Love cures people.
- Dr. Karl Menninger -

사랑은 사람을 치유해요.
— 칼 메닝거 —

첫 만남의 유아

엄마들을 위한 성인수업에 오셨다가 수업을 몇 번 들으시더니 "선생님, 개인 수업을 해주실 수 없나요?" 하시며 유난히 눈에 띄는 고운 어머님 한 분이 제안을 하셨다.

어떤 분이실까 궁금했었는데 요청을 하셔서 흔쾌히 응하기로 했다. 초대 받은 집은 은은한 그림과 음악이 조화를 이루는 아늑한 집이었다. 음악의 향기가 난다 싶었는데 예상대로 독일에서 현악기를 오래 전공하시고 대학 강의를 바쁘게 나가시며 입시생을 레슨하고 계셨다. 그러나 무엇보다 교수님이기 이전에 세 아이의 엄마로서 열심히 살아가는 모습이 응원을 보내고 싶었다.

가족이 모두 오랜 유학생활을 해서 가능한 한국에서 할 수 있는 영어교육법을 찾다가 강의를 알게 되어 너무 기뻤다고 하셨다. 나의 교육법이 믿음이 간다며 너무 오랜 유학생활에 딸은 절대 유학을 안보내고 싶다고 하셨다.

영어 수업을 받던 중, 불쑥 "4살 난 내 딸을 최초로 수업 한 번

해보시고 안 되면 'No'라고 얘기해 주시면 안 될까요?"라고 하셨다. 그 당시 어린아이 수업은 내 아이 외에는 시도해보지 않아 '자기주도적인 나의 수업 방식을 과연 좋아할까?' 싶은 마음이 들기도 했다. 그런데 이렇게 재미있는 학습이 될 줄은 몰랐다.

4살인데 벌써 한글을 알아서 스스로 책을 찾아 책을 넘기고 읽는 아이였고 어휘량이 엄청났다. 쉴 사이 없이 하는 말들이 놀라웠다. 이야기를 받아주는 사람이 많고 아이의 성향이 활동적이라 더 속도가 빨랐다.

수업은 영어책을 활용한 테마수업으로 진행했다. 그날 이후로 아이는 선생님이 오길 기다렸다. 아이랑 놀며 가장 접목하기에 좋은 책과 즐거운 이야기로 대화하며 진행했다. 그러고 나니 영어책도 조금씩 읽을 수 있게 되어갔다. 1년 정도를 그렇게 하던 중 깔깔깔 웃을 때마다 어머님은 밖에서 너무 궁금해서 숨어서 보았다고 하셨다. 엄청난 영어표현이 필요했다. 1시간을 아이는 내가 하는 표현에 반응하느라 인형을 들고 쉴 새 없이 움직였다. 눈치로 내가 하는 영어표현에 반응하기도 하고 도저히 안 되면 묻기도 하며 끝날 때면 또 언제 오냐고 해서 일주일에 한 번 가던 만남을 세 번으로 늘렸다. 그러고 나니 유치원 영어는 시시하다고 하던 아이의 모습이 오랫동안 떠오른다.

**Say the Magic Word, Please /
Featuring Jim Henson's Sesame
Street Muppets**

"살면서 많은 사람들이 이 말 한마디면 모든 관계가 평화로울 텐데…" 하던 때가 참 많았다. 엄마라도 아이에게 진심으로 미안하다는 말을 못해 사춘기를 심하게 부딪치는 일을 한번쯤은 겪는 것 같았다. 아이들에게 외국인들처럼 이 표현을 잘하는 한국 사람으로 만들면 어떨까 생각했다. 한국에 와서 가장 기분 나쁘고 이해 안 되는 것이 "I'm sorry. Thank you." 해야 하는 상황에 안하고 배시시 웃기만 하는 것이라는 이야기를 외국인에게서 많이 들었다. 아이에게 가장 먼저 가르쳐 주고 싶은 말들이 책으로 되어 있어 깜짝 놀랐다. 엄마가 "Say the magic word!"하면 Thank you, Sorry, please, You're welcome, That's all right 같은 표현들을 각 상황에 하는 매너의 말이다. 그림으로 상황을 잘 설명하고 있어 더할 나위 없이 좋다.

5살 나비넥타이 신사

첫 만남에 하얀 와이셔츠를 입고 넥타이를 맨 뽀얀 피부의 귀공자처럼 잘 생긴 남자아이가 들어왔다. 엄마의 코디인 줄 알았는데 아이가 선생님께 멋있게 보이고 싶다며 꼭 입어야 한다고 했다는 게 더 신기했다.

수업 때 병원 놀이 활동을 하려고 하니, 바로 "그럼 나는 의사할 거예요." 하며 당당하게 의자를 지키던 친구였다. 수업이 시작되고 몇 분도 안 되서 "선생님이 영어로 하는 말을 하나도 못 알아듣겠어요." 하며 강의실을 나가서 다른 영어책 그림을 열심히 탐독하던 아이기도 했다. 그래도 수업은 계속 올 거라고 해서 "나중에 다시 와도 되요." 했는데, 어머니가 다시 오셔서 "몇 년 뒤 아빠 일로 캐나다에 가야하는 상황이라 국제학교에 몇 년 있어야 해서 알아보니 입학하려면 영어 동화책에 대한 인터뷰가 있다는데 어떻게 준비해야 하나요?" 하는 것이었다.

아이랑 다양한 책 수업에 들어간 지 6개월쯤 되어 꽤나 집중하는 것이 '많이 컸구나' 생각했다. 그러던 어느 날, "국제학교 합격했어요!" 하는 기쁜 소식이 들려왔다. 어머님은 외국 가서도 잘 적응하도록 영어책 수업을 요청하셨다.

빌딩 같은 큰 건물 디자인을 하시는 아빠의 재능을 그대로 물려받은 듯 아이는 모든 놀이를 4D처럼 입체로 하는 것을 좋아했다. 그런 유형의 책들을 함께 하니 순식간에 아이는 수업에 몰입하고 7세들이 보는 그림 영어동화를 좋아했다. 이 아이랑 수업하며 엄청난 건축 책 공부와 어휘가 필요했다. 그래도 아이의 즐거워 하는 모습에 힘들지만 즐거웠다.

만약 아이가 답답할 때 한국말로 하고 자극을 멈추었다면 이뤄지지 않았을 결과였다. 항상 적절한 타이밍에 엄마의 결정은 큰 역할을 하게 되는 것을 지금도 수업을 통해 많이 느낀다.

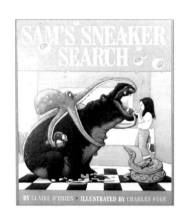

Sam's Sneaker Search /
Claire O' Brien

어린아이들에게는 집구조가 가장 기본 건축이 아닐까 싶다. 이런 건축을 좋아하는 친구들 중에는 Tools(도구)이나 Machine(기계)에 관심을 갖는 아이들도 많은 것 같았다. 잃어버린 한쪽 신발을 찾기 위해 각 페이지에 다른 방을 들여다보게 되어 있는 이야기 전개와 다양한 동물들의 코믹한 제스처가 바로 앞에서 살아 움직이듯 그려져 있다. 또한 신발을 가져간 동물의 이야기 전개 또한 반전이라 마지막까지 호기심을 자극하기에 충분하다. 아이들이 회화 책은 학습이라 부담스러워하는데 책 속 이야기로 진행되니 방의 이름도 금방 익히고 이야기를 하며 즐겁게 암기하는 것 같아 오래 기억나는 것 같다.

5살에 영어책을
스스로 읽는 아이

어느 날 한 어머님이 놀라서 데려온 아이가 있었다. "선생님, 열심히 책만 사줬는데 아이가 갑자기 영어책을 읽어요."라는 말을 들은 순간, '이크! 이 아이가 수학을 잘 하는구나'라는 생각이 들었다. 어머님들이 글자를 빨리 떼면 영어를 잘하는 줄 알았는데 수업 중 관찰해보니 대부분 글자의 조합을 빨리 이해하고 터득하는 것이기에 수학이 발달된 아이가 많았다.

이렇게 글을 빨리 떼는 아이는 듣기보다 글자구조를 빨리 보기 때문에 반드시 듣기 실력(Listening)을 키워줘야 영어영역이 조화를 이룰 수 있었다. 알파벳도 모르는 아이와 책을 읽는 5살 아이에게 각각 책을 읽어주니 책을 읽는 아이는 듣기보다 활자를 따라가는 반면, 글자를 모르는 아이는 선생님의 말에 더 집중하고 몇 개월이 지나니 알아듣는 양이 많았다.

단, 18개월 이전의 아이들에게 영상물은 의학적으로도 금지되며 기기를 과도하게 이용할 경우 두뇌 발달에 치명적일 수 있다고

CDB! / William Steig

하니 학습 시 하루 30분을 넘지 않게 활용하길 권한다. 짧은 시간 집중할 수 있게 CD나 DVD로 듣기훈련을 하고 반드시 부모가 함께 보고 이야기를 나눌 수 있는 대화자가 되어야 아이가 건강하게 성장한다. Mother tongue(모국어)라는 영어단어처럼 무엇보다 엄마의 목소리로 들려주는 것이 가장 좋다.

아직 혼자 영어책 읽기는 안 되지만 알파벳은 아는 아이들에게 글자의 즐거움을 주기에 충분하다. 소리 나는 대로 그냥 알파벳을 읽으면 회화가 된다.

CDB!는 See the bee!

"놀랍다."는 아이들의 반응과 "우와 재미있다."며 계속 퀴즈 풀듯 보는 탐독하는 책 중 하나다.

엄마를 지치게 한 4살 아이

　4세 아이의 엄마가 더 이상 아이를 직접 못 가르치겠다며 찾아오셨다. '조기영어 교육이 중요하다' 해서 뱃속에서부터 영어책을 읽어줬다고 얘기하셨다. 엄마는 영어를 전공하시지도 않았는데 아이가 영어를 무척 좋아하는 것 같았다. 이야기를 들어 보니 어머님의 정성에 탄복할 수밖에 없었다. 매일 아침 아이가 깨기 전에 책꽂이 아래 칸과 꼭대기 칸을 바꿨다고 한다. 아이가 책을 가까이하며 볼 수 있도록 엄마는 그렇게 배려를 한 것이었다. 어머님의 수고였구나. 감동이었다. 그런데 영어가 부족하고 어떤 책이 좋을지 몰라 책읽어주는 데 한계에 부딪친다며 수업을 부탁하셨다. 이렇게 어머님이 정성을 들여 만들어서 수업을 오면 너무 고맙다. 좋아하도록 하기 위한 기다림 없이 이 많은 책을 마음껏 보여주고 읽어줄 수 있으니. 다만 건강하시면 싶었다. 너무 애쓰다가 아프신 경우도 있어서. 매스컴을 보며 내 아이도 저렇게 되어야 한다는 욕심이 엄마들을 또 한 번 힘들게 하는 것 같아 마음이 아팠다.

아이들은 5세부터 말이 많아지니 이제 서서히 시작인데…. 그때까지는 워밍업으로 꾸준히만 해주서서 한국책과 영어책을 분리하지 않게만 해주시면 된다.

엄마가 아프면 다 소용이 없다. 엄마가 행복해야 한다. 그것이 가장 큰 엄마의 선물이다. 6세부터 초등학교 3학년까지 책으로 천천히 가겠다는 마음만 가지면 부모가 할 일의 가장 중요한 반을 한 것 같다. 사랑이 많은 아이로 키우고 싶다면 저녁마다 'Bed-time Story'부터 천천히 다시 시작해야 한다. 아이는 하고 싶은 말이 너무 많은데 대화 상대가 되어주지 못해 답답했던 경우가 많아 책을 읽어주는 것 이상으로 엄마의 교재 선택과 타이밍이 꼭 중요했다.

Creation / Janis Hansen

중학생을 수업하다가 "Genesis가 뭔지 아니?" 하면 대부분 "몰라요." 한다. 아이들이 "Bible이 뭐에요?" 하고 물어올 때는 너무 안타깝다. 영어권 나라의 구석구석에 성경이 묻어나고 대학원을 다닐 때 교수님이 "영어전공하려면 성경 정도는 한번 일독해야 하지 않을까? 영어권 국가들이 다 읽는 책이니." 하던 말이 생각난다. 아이들에게 가볍게 인물에 따라 들려주면 참 재미있는 스토리와 역사가 된다. 천지 창조부터 차례로 도전해 보길 권한다.

한 가지
분야에 박사가 된
아이들

Remember that the more you know ,the less you fear.

아는 것이 많을수록 두려움은 적어진다는 사실을 기억하라.

공룡에 빠진 아이

아이들은 대체로 한 가지 아이템에 빠지는 경향이 있다. 공주, 차, 공룡, 로봇, 곤충, 기계 같은 것들이다. 5~6세의 자녀를 둔 어머님들이 오셔서 "우리 아들은 공룡 이름을 다 외워요. 얼마나 많이 아는지 물어보면 제가 대답해 줄 수가 없어요. 이래도 되는 건지. 전혀 다른 것에는 관심이 없어 걱정이에요."라고 한다.

이 경우, 이야기를 만들고 아이랑 대화하다 보면 아이는 신이 난다. 어떤 친구는 클레이 점토를 가지고 몇 번 주물럭 하더니 금방 트리케라톱스를 만들어냈다.

하나에 집중하는 아이들은 독특한 개성의 영재아이들이 커가는 과정이다. 6세까지, 길면 7세까지 아이들이 애착하는 물건을 하나씩 가지듯 한 가지 주제의 장난감을 가지고 사회도 만들고 가족도 만들고 전쟁도 하는 등 자신의 삶을 투영하는 것 같았다.

다만 쉽게 스토리를 구상하고 표현을 만들어 낼 수 있는 아이들이 있어도 그것을 끄집어내어 표현하지 않으면 어휘력과 표현훈

련이 급격히 차이가 난다. 왜냐하면 엄마들도 이렇게 영어로 장난 감을 갖고 놀아본 경험이 없어 무슨 말을 어떻게 해야 하는지 어떤 이야기를 만들어야 하는지 몰라 아이랑 놀기보다는 사주고 혼자 놀게 하는 것이 언어가 성장 할 수 있는 좋은 기회를 놓치게 되는 결과를 초래했다.

그러다 보니 아이는 더 표현을 못 해 "피우", "쓩", "억", "픽", "츄" 등으로 상황을 소리로만 표현했다. 스토리를 만들어 6개월 정도 다양한 스토리로 놀아주니 다양한 이야기책으로 들어갈 수 있었다.

4~5살까지는 아직 놀이로 배우는 기간이라 놀이와 책을 함께 병행해서 진행하길 꼭 추천한다.

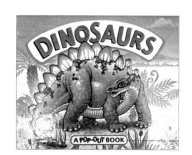

Dinosaurs / Dawn Bentley

요즘은 어머님들 덕분에 아들, 딸 구분 없이 많은 아이들이 공룡에 깊은 관심을 보인다. 관련 책은 시중에 많으나 특히 이 책은 펼치면 한 페이지에 공룡 형태와 특징, 발음기호 없이 공룡 이름을 말하는 방법이 아이 수준으로 나와 있다.

트리케라톱스는 "트롸이세뤄탑스"라고, 프테라너돈은 "터뤠너 던"이라고 발음한다하니 엉터리로 읽어주고 있었다며 어머님들이 놀라신다. 교정하기 힘들기 전에 꼭 제대로 가르쳐 주길 바란다.

터닝메카드를 좋아하는 아이

　상상 이상으로 터닝메카드를 좋아하는 아이들이 많은 것 같다. 기본적으로 30개 이상을 소장하고 있는 아이들이 수업에 와서는 그 많은 이름을 다 외운다. 장식장에 멋지게 장식하고 매일 고장 날까 확인하고 닦고, 엄마 입장에서는 매일 똑같은 동작을 하면서 무슨 이야기를 하길래 저렇게 재미있어 하는 건지 공감할 수가 없단다.

　하지만 이렇게 찾아오는 아이들은 선생님이 아이의 세상에 들어가 영어로 많은 스토리를 만들 수 있으면 금방 친해질 수 있다. 수업 때마다 아이들의 각기 다른 애장품의 모든 이름을 외우느라 진땀을 뺏는데 이제 이 아이들이 터닝메카드를 졸업하고 영어 동화책으로 들어왔다. 우리는 누구나 나이와 상관없이 내가 좋아하는 것을 좋아하고 인정하고 함께 대화할 수 있는 사람을 만나면 국경을 넘어서도 그 사람과 오랜 친구처럼 가까워지고 즐거워지는 것을 느끼게 된다. 아이들도 놀이터에서 놀이 문화가 같으면 금방

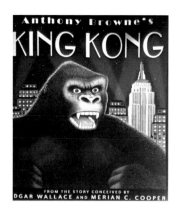

King Kong / Anthoy Browne

친구가 된다. 이번에 아이들의 마음을 단번에 빼앗은 동화는 'King Kong'이다.

싸움으로 시작하고 전쟁으로 끝나는 아이들의 세계에 딱 좋은 동화다. 두꺼운 책이지만 엄마랑 아이가 같이 추억하며 읽어줄 수 있는 동화이며, 영화처럼 그림이 섬세하게 그려져 있어서 기억이 많이 난다. 작가가 어린 시절 자신이 본 킹콩 영화가 너무 기억이 나서 이 책을 썼고 책마다 고릴라를 그리게 되었다는 이야기가 있다니 우리아이들에게도 어린 시절 책과 함께 좋은 기억을 선물하면 좋겠다.

의사를 꿈꾸는 아이

　의사가 되려는 아이들 중 부모의 의견에 의해서 그냥 소망을 갖게 되는 아이도 있지만, 진짜 궁금증을 느끼고 관심을 갖는 아이가 있다. 예전에 자신의 몸이 희귀병이라 고칠 수 없어 자신을 고치기 위해 의대를 지원했다는 학생과 아빠가 아파서 아빠를 고치기 위해 지원했다는 학생 얘기를 들었다. 음악가 가정에서 음악가가 나오고 연예인 가정에서 연예인의 끼가 발견되는 것과 달리 이렇게 불모지에서 의사의 소망을 분명하게 가진 아이를 만나면 그냥 있는 힘껏 도와주고 싶다. 아무도 도와줄 수 없어 포기하지 않게.

　치과를 가며 본 관찰을 통해, 아이는 인형을 눕혀 놓고 치아를 빼고 마취하고 금니를 만들고 '잇몸에서 피가 난다'와 같은 언어를 구사하며 놀게 된다. 이런 친구들이 오면 나는 너무 바빠진다. wisdom tooth(사랑니), molar(어금니), gum(잇몸) 등 잊고 지내던 언어를 다시 *끄집어내서* 쓰게 되면 감회가 새롭다. 꼭 대학생 때 통역하러 가기 전 만나게 될 외국인이 가장 관심 있어 하는 게 뭔지 미리 시뮬레이션을 해보고 가던 설렘처럼 즐겁다.

이렇게 의사에 관심 있는 아이들에게는 병원의 모든 것이 궁금하다. 마치 대동여지도의 김정호처럼 병원의 구조와 병실 이름들이 다 궁금해 조감도를 그려내는 아이들도 있다. 이런 유형의 아이들에게 암기식 영어교육이나 회화가 우선인 영어교육은 코드가 맞지 않았다. 부모가 일반아이들과 달리 조금 다른 관점으로 아이교육을 바라봐야한다. 단어암기보다 자기 주도적 문제 해결이 절실히 필요한 경우다. 그러면 그 아이는 전문 통역사 같은 뛰어난 인물이 될 것이다. 20년 후 그런 아이들 중에 한국의 명의가 나오길 기대하니 수업이 더 설레게 된다.

Dr. Dog / Babette Cole

무거울 수 있는 주제인 병원을 코믹하게 풀어낸 동화로 가족의 주치의인 Dr. Dog을 주인공으로 해서 벌어지는 사건들을 통해 어려운 단어도 궁금한 단어가 된다.

Tonsillitis(편도선염)라는 어려운 어휘가 나오는 걸 보고 깜짝 놀랐지만 아이들은 책을 읽어주면 되레 "목이 부었나?" 한다. 그림을 통한 교육이라 단어가 어려운 줄도 모르는 아이들. 책으로 수업하다 보면 정말 요즘은 더 갈수록 외국을 안가도 외국인보다 더 정확한 표현을 잘 할 수 있겠다는 생각을 많이 하게 된다.

우주에 관심 있는 아이

우주에 관심 있는 아이들이 무척 많은 것 같다. 하지만 대체로 8개 행성(planets)과 블랙홀(black hole) 정도다. 그리고 상세히 들어가면 모르는 게 일반적인 아이들이다. 그런데 한 친구는 시키지도 않았는데 행성들의 특징과 변화를 영어로 준비하고 즐거워하며 설명하고 싶어 한다.

또 한 친구는 행성에서 끝나지 않고 로켓의 구조를 알고 싶다며 커다란 전지를 둘둘 말아 가져와 여러 책을 펼쳐놓고 공부하며 그렸다. 7세 친구는 내게 행성 이름을 영어로 써 달라고 해서 적어주면 집에 가서 아빠에게 또 다시 물어봤다. 엄마보다 이런 분야를 공부하시는 아빠라 더 신나서 아빠랑 밤새 이야기를 나누었다고 했다. 어머님도 우리 아이의 관심사를 중점으로 마음껏 선생님이랑 놀 수 있게 해달라고 부탁하셨다.

사실 쉬운 일은 아니다. 그러려면 지식도 많아야 하고, 해당 분야의 책들도 많아야 하며, 미리 학습해야 하기도 하지만, 아이는

**Children of the Sun /
Arthur John L' Hommedieu**

영어가 엄청 어려움에도 자신이 가지고 있는 지식이 있어 영어로
표현하는 것을 무척 좋아하고 알아듣는다.

아이가 태양(Sun)이 되고 8개 행성(planets)이 아이를 둘러싸게 할
수 있는 놀이책으로 쉽게 접하지 못하는 화성과 목성 사이의
소행성대(Asteroid belt) 같은 단어도 즐겁게 가르쳐 줄 수 있으면
좋다.

가끔 심취한 아이들은 행성에 대해 영어로 설명하고 싶어 답답
해하는 아이들도 있다. 외국에서 살다가 한국말도, 부모의 고국
도 전혀 모를까봐 아빠를 미국에 남겨두고 들어온 어머님이 자
녀가 과학을 너무 좋아하는데 엄마가 영어로 다 해줄 수가 없
고 영어유치원도 아이한테만 맞춰줄 수 없어 답답하다며 부탁

하서서 과학수업을 했는데 아이가 너무 신이 나서 행성을 설명하는걸 보고 6~7세 전 세계 아이들의 같은 관심사구나 싶었다. 엄마나 선생님이 함께 과학을 공부하며 이 책을 활용하면 좋을 것 같다.

공주를 좋아하는 아이

　아이들은 대체로 7세까지 공주가 되고 싶어 한다. 그리고 공주가 되는 무대를 상상하며 친구들끼리 드레스를 입고 만나기도 한다. 영재성이 있는 아이들일수록 끝까지 맘껏 해봐야 그만하는 것 같았다. 그것을 기다리긴 쉽지 않지만 때를 서서히 기다렸다가 흐려질 때쯤 새로운 즐거움을 찾도록 해 주는 것이 좋았다. 억지로는 되지 않았다. 그런 열정이 아이의 학습에도 나타나기에 힘들지만 변화를 주려 노력하며 기다려 주는 부모가 필요했다. 무엇이든 자신이 하고 싶은 것을 어릴 때 열심히 해본 아이들은 다른 어떤 것을 시작할 때도 끝까지 인내하며 참아내고 이뤄 나가는 힘이 있는 것 같았다.

　어린 시절 눈으로 몸으로 엄마에게서 배운 사랑이 다시 엄마가 되고, 똑같이 하고 있는 자신을 발견하면 깜짝 놀라듯 어린 시절 공주놀이 하며 놀았던 예쁜 추억이 우리 아이가 엄마가 되어서 또 이어지지 않을까 싶다. 수업에 오신 어머님들이 엄마가 어린 시

Cinderella / Susan Jeffers

절 읽어주시던 기억이 아이를 키우며 많이 생각난다고 하시는걸 보니.

8세쯤이면 공주 이야기를 졸업한다. 그러니 시간이 많지도 않다. 공주에 푹 빠져있을 때 공주 책을 마음껏 읽어주면 좋겠다. 엄마가 단어 찾으며 공부해야 하지만 5~7살 아이들이 더 좋아하며 가져오는 그림책 중 하나다. 디즈니의 그림으로 고정되어 있던 주인공의 이미지에서 꼭 다른 경험을 주고 싶은 책이다. 어린 시절 엄마가 읽어주던 이야기를 떠올리며 엄마랑 아이가 함께 보면 너무 행복할 수 있는 그림이다.

말하기보다
쓰기를 더 잘하는
아이들

When you look back on your life, you'll regret the things
you didn't do more than the ones you did.

대담하고 용기가 있어야 한다. 지난 세월을 돌이켜 볼 때 한 것 보다는
하지 않은 것을 더 후회하기 때문이다.

문화센터나 외국인의 과한
동작이 부담스러운 아이

"다른 아이들은 선생님의 예쁜 율동과 미소에 사랑받으려고 열심히 따라하는데 우리 아이는 한자리에서 꼼짝도 안 하고 따라 하지도 않아요."라고 간혹 어머니들이 이야기하는 경우가 있다. 그런데 그런 친구들이 좋아할 수 있는 책을 읽어주고 놀다 보니 아이들이 다른 친구들보다 언어가 조숙하고 성숙한 표현을 하는 것을 보고 놀랐다. "선생님! 애기 같이 우는 흉내 내지 마요. 안 웃기니까." 6세 아이가 하기에는 황당한 반응에 그냥 평소 하던 어투로 다가가니 오히려 편하게 여기기도 했다.

대체적으로 영어 유치원을 가서 일찍 경쟁을 해야 했거나 할머니와 많은 이야기를 나눴거나, 엄마가 자신의 수준보다 높은 책을 깊게 읽어주었거나 하는, 환경이 일반 아이들과 다른 경험을 많이 할수록 성숙하고, 성숙한 아이들일수록 어휘수가 다양하고 표현력이 남달랐다. 그래도 수업을 통해 볼 때 학생들이 자기표현을 잘 하는 건 좋지만 빨리 어른이 되어버린 것 같아 안타까웠다. 행

**Meg and Mog /
Helen Nicoll, Jan Pienkowski**

복하려면 아이는 자기 나이만큼만 느껴야 행복한 것 같았다. 너무 빨리 어른들의 세상을 알았을 때에는 좋은 것보다 나쁜 것이 더 많아 어린 아이들이 힘들어하는 모습을 많이 보았다. 그래도 세상이 워낙 험해 알려주긴 해야해서 코믹하게 들려줄수 있는 책을 활용하니 빨리 친해지고 그 무엇보다 조금씩 아이가 제 나이처럼 유치한 행동을 보이며 얼굴이 밝아지고 더 즐거워지는 것 같아 기뻤다.

특별한 이야기도 아닌데 오는 아이들마다 반복해서 보고 좋아한다. 심플하고 누구나 따라 그릴 수 있는 그림이라 아이들이 그리면서 더 좋아한다. 이렇게 아이는 유치한 것에도 웃을 수 있어야 하며 그래야 아이가 생각에 균형이 있게 성장하는 것 같았다.

부끄럼이 많은 5세 아이

성인 영어수업이 방학이라 맡길 곳이 여의치 않아 데려왔다며 양해를 구하던 것이 첫 만남이었다. 아이가 1시간 20분을 가만히 앉아 있어 신기해서 수업을 마치고 물어보니 정작 어머니가 "다 그러지 않나요?"라고 해서 깜짝 놀랐다. 항상 어디 가면 다들 칭찬해서 의아하다고 말할 정도였다. 어머님은 성인 영어수업을 들으시더니 아이를 데리고 찾아오셨다. 아이는 너무 착하고 예의 바른 친구라 신기했는데 엄마의 걱정은 선생님, 친구 등 뭔가 바뀌는 걸 쉽게 하지 않아 선생님을 선택할 때도 쉽게 안한다고 하셨다. 선생님을 정하면 5년은 기본이라 하시며.

항상 다 가질 수는 없지만 가진 것을 잘 활용하면 아이는 클 수 있다는 것이 지금까지의 경험이라 수업을 시작하고 많이 살폈다. 아직 아기 같아서 늘 자기가 좋아하는 손수건을 꼭 쥐고 들어오고 엄마가 밖에서 기다리고 있는지 확인이 되어야 수업을 시작할 수 있었다. 그래도 우리 아들은 영어로 안 힘들었으면 좋겠다는 말씀에 시작하게 되었다.

아이는 마음을 열기 쉽지 않은지 늘 얌전히 앉아 들려주는 책을 듣기만 했다. 수업을 액티브하게 하는 게 좋을 것 같아 영어로 말하며, 신나게 몸으로 놀고 책을 다양하게 활용하며 시작했다. 드디어 아이가 웃고 소리치고 나를 때리기도 하며 조금씩 마음을 열기 시작했다. 그렇게 하며 책을 읽어주니 대답은 수줍은데 책을 보는 눈빛이 조금씩 멈추며 미소 짓기도 하고 놀란 표정도 짓고 하는 것을 느낄 수 있었다.

PTA는 중요한 것이라 끊임없이 엄마랑 조율하며 빠르게 보다는 편안하고 따뜻하게 다가가자고 얘기하며 만들어갔다. 이제 제법 책도 읽고 갈 때면 큰소리로 장난 섞인 "Have a nice Tuesday"라고 장난스럽게 말하고 간다. 그래도 이제 엄청나게 커진 소리와 웃음을 던지고 선생님께 "내가 좋아하는 책, 장난감, 그림을 다음 시간에 꼭 갖고 올게요." 하는 모습이 예뻤다.

Candy Countings / Lisa McCourt

양전한 친구들은 수업자세가 너무 좋아 신생님이 수업하기는 좋지만 아이가 즐거우려면 조금은 개구쟁이고 자기 마음대로 표현하고 행동할 수 있어야 언어도 더 빨리 열린다.

그러려면 즐거움을 줄 수 있는 수업이 좋은데 이 책은 아이들의 마음을 빼앗기에 충분하다. 온통 다양한 사탕들이 그려져 있으니 그림인데도 마구마구 먹는 흉내를 내고 줍고 얼굴에 비빈다. 책마다 나오는 사탕의 정확한 이름을 몰라 "그냥 이거 주세요." 했던 사탕들의 이름이 코믹하게 다 나온다. 수업하며 아이들은 자신들이 좋아하는 주제이니 이름도 신나게 따라하고 종이에 이름을 써달라고도 한다. 그중 "'눈알사탕'은 뭐라 할까요? 바로! 'Jawbreaker'!"

이름이 너무 코믹해서 아이들과 웃게 된다.

음악을 너무 좋아하고
부끄러움이 많은 아이

첫날, 아이는 우윳빛깔 얼굴에 너무 고운 인상이었고 얌전하게 앉는 모습이 의자 소리도 내지 않고 앉아서 눈망울만 주위를 살피고 있었다. 책들이 벽을 가득 채운 것이 신기한 듯 바라보는 눈빛이 뭔가 달랐다. "네가 제일 보고 싶은 책을 한번 골라오렴." 하니 『Chocolatina』 책을 가져왔다. 차나 유령이나 싸움을 그린 책을 고르는 보통 아이들과 달리 아이는 예쁜 이야기책을 가져오는 감성이 풍부한 아이였다.

가는 곳마다 친구가 직접 선생님을 고른다며 까다롭다던 한 친구는 상담 30분후 바로 수업하겠다고 흔쾌히 말해 엄마가 당황할 정도였다. 얌전한 친구들은 특징이 대체적으로 소리가 작다. 뭔가 주눅이 들어있고 자신을 드러내는 것을 아주 경계하는 것이 느껴졌다.

이 유형의 아이들은 긴 경우는 1년, 짧은 경우는 한 달 만에 가족 행사랑 자신이 좋아하는 걸 얘기한다. 이번 아이는 무엇을 좋아할까 물어보니 유난히 아끼는 장난감. 매일 닦고 헤아리고 논다는 말에 가져오게 했다.

그걸로 놀기를 6개월, 친구는 갑자기 딱 멈추고는 "다음에도 또 이야기해줘요." 했다. 이제는 책을 골라오고 이야기를 따라 그림을 보느라 더 즐거워했다. 정확히 알 수는 없지만 아마도 요즘은 조기 영어교육 받은 아이들이 많아 초등학교 저학년이어도 늦다고 생각하니 아이가 많이도 주눅 들고 힘들었을 것 같았다. 아이가 그동안 자신 없어 잃어버린 목소리를 찾아주는 것이 나의 해야 할 일인 것 같았다.

그렇게 관찰하며 수업하는 사이에 나는 또 이런 아이들만의 숨은 재능을 찾아보았다. 이 변화를 통해 발견한 아이들의 재능은 놀랍게도 수학이었다. 의외로 이들은 미술, 음악, 그리고 영어 잘하는 아이들은 못 하는 수학을 좋아한다는 아이들이 많았다. 모두가 외고를, 영문과를 가야할 이유는 없다. 그 마음을 접고 보면 자녀가 잘 하는 게 보인다. 말하는 걸 부끄러워하던 아이가 수업을 즐거워한다고 부모님이 의아해하셨다. 이 아이 수업을 하며 문득 중학교 때부터 수업해 의대에 갔던 수줍음 많던 그 학생이 문득 떠오르며 이 친구도 10년 후를 기대해본다.

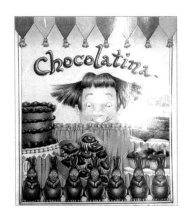

Chocolatina / Erik Kraft

초콜릿을 너무 좋아해 그만 초콜릿이 되어버린 동화. 많은 어머
님들이 에릭칼 책을 알고 계신다고 하지만 그 책에 나오는 표현
을 물으면 잘 모르신다. 그것처럼 책에는 항상 작가가 전달하고
자 하는 메시지가 있다.

"You are what you eat."이라는 명언을 남기는 이 동화는 무엇
을 먹느냐에 따라 자신의 모습이 달라진다는 교훈을 남겨준다.
먹는 것도 그렇지만 사람이 마음에 무엇을 품고 있느냐, 혹은
어려운 고난을 겪는 속에 어떻게 반응하느냐에 따라 세월이 지
날수록 얼굴이 온화하기도 하고 험악해지기도 한다.

이 동화를 보며 "You are what you think."라는 말로 문장을
바꿔서 가르쳐 주고 싶었다.

"인생이 항상 원만할 것이라는 환상을 버리고 인생은 공평하지

않다는 걸 명심하라."는 빌 게이츠의 말처럼 어떤 일이 있어도 자신의 품위를 지킬 수 있는 아이로 키우고 싶다는 생각을 하게 되는 동화다.

쓰기보다
말하기를 더 잘하는
아이들

*Remember that how you say something is as important as
what you say.*

말하는 방법이 말의 내용만큼이나 중요하다는 사실을 기억하라.

활동적인 아이

　몸으로 노는 활동을 좋아하는 아이들은 쓰기를 그리 즐기지 않는 특성이 있다. 아마도 말로 하면 금방 되는 걸 굳이 힘들게 써야 하는 것이 싫을 수 있겠다 싶었다. 하지만 저학년 때는 말하기(speaking)만 강조되던 것이 학년이 올라갈수록 쓰기(Writing)를 통한 성과도 중요하게 된다. 성인이 되어 회사에 입사를 해보니 회화는 비슷비슷하게 되는데 보고서 작성이 안 되어 힘들다는 50대 어머님들의 자녀고민 이야기를 들으며 조기유학이 아니더라도 어릴때부터 한국에서 학습법을 바꾸기만 하면 되겠다는 생각이 들었다.

　아이들이 가장 좋아하는 이야기를 만들어가며 놀기를 시작하니 연필도 안 쥐려던 아이가 "선생님! 쓰는 것 좀 도와주세요!" 하고 말했다. 매시간 수업 들어가기 전에 이렇게 스토리로 놀자 아이들은 다음 이야기를 또 기다렸다.

　쓰기를 힘들어 했던 아이들이 놀이보다 이제는 학습자체에 더 흥미를 느끼는 것이 감사했다.

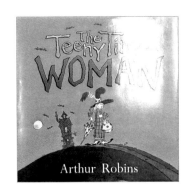

**Teeny Tiny Woman /
Arthur Robins**

몸으로 놀기를 좋아하는 아이들은 동화의 긴장감을 좋아하기 때문에 책선정이 누구보다 중요했다. 책 속에서 계속 반복되는 'Teeny Tiny'라는 말을 왜 좋아하나 했더니 발음도 재미나고 이야기 전개도 너무 재미있단다. 마지막 장면을 아이들이 너무 좋아한 나머지 책제목보다 마지막 대사를 더 기억하고 이렇게 말한다.

"선생님, Take it! 하는 그 책 어디 있어요?"라고 한다.

암기하고 쓰고 외우는
단순학습이 싫은 아이

학원에서 제시하는 숙제를 왜 써야 하냐고, 왜 외워야 하느냐고 따진다는 아이들이 있다. 어머님이 찾아오셔서 "내가 생각해도 아이들이 아직 어린데 지치고 싫증날 것 같아요. 이렇게 동화책으로 하면 안 될까요?" 하셨다. 아이가 이렇게 즐기다가 욕심을 내면 학습으로 성적을 내는 것이 좋지만 처음부터 성적만을 위해 영어를 공부하면 1등을 위해 인내하는 1%를 빼고는 모든 아이가 못 견뎌내고 지친다. 다만 엄마에게 사랑받고 인정받기 위해 어릴 때는 시키는 대로 하게 되지만 중학생이 되면 독서로 학습량이 준비되지 않은 아이는 공부를 열심히 해도 따라잡을 수 없는 한계를 경험하는 것을 학생들을 통해 많이 듣게 되었다.

먼저 이런 친구에게 필요한 건 무조건 재미다.

수업 요청하러 오셨을 때 "동화책은 일반 영어학습법과 달라 쉽지 않았을 텐데 어떻게 용기 내 결정을 하셨나요?"라고 물으면 어머님이 어릴 때 어머님 자신이 시키지도 않았는데 책이 좋아 스스로 엄청나게 탐독하다가 공부가 좋아져 서울대를 가고, 의사가 되셨다는 경험을 말씀하시며 우리아이도 그렇게 되면 좋겠다고 하셨다. 이런 생각의 부모님을 만난 아이들은 얼마나 행복할까 싶었다.

이럴 때 친구에게 맞는 책을 건네주고 친구가 한없이 해맑게 웃는 걸 보면 내가 이 일을 하게 된 것이 너무 감사했다. "옷 한 벌 사는 것 보다 이 책을 사서 읽혀야지." 하고 새벽잠을 설치며 주문하던 힘겨움이 다 사라지는 것 같았다. 이런 즐기는 과정이 끝나면 아이는 학습이 들어가도 영어책으로 휴식할 시간을 위해 빨리 끝내는 걸 보며 처음 왔을 때를 함께 얘기한다. "너 처음 선생님께 왔을 때 기억나니? 얼굴을 내내 찡그리고 울고 바닥에 앉아 괜히 투정부리고 왜 그랬니?" "영어가 싫어서요. 맨날 단어 외우라 하고 재미없는 책으로 숙제하고 그런데 KEETS는 놀러 오는 것 같아요."라고 대답한다. "안 노는 데?"라고 대답해도 아이들은 책을 보는 게 노는 건 줄 안다. 하고 싶은 마음을 주는 것, 모든 사람들의 에너지의 시작이다.

Stone Soup / Ann McGovern

유명한 동화로 같은 제목의 책들은 많으나 특히 이 동화를 추천한다. 가난하고 아무것도 없는 아이가 나누기를 싫어하는 마음을 가진, 마음이 안 예쁜 사람에게 재치 있게 자신의 굶주림을 해결하는 것을 보며 뭔가 시원하고 재미있다.

살다보면 항상 내가 중심이 되어 나눌 줄 모르고 자신의 욕심만을 위해 사는 사람들을 보면 안타까운 순간이 많지만 이 책을 보며 사람의 마음을 움직이는 지혜를 공부해야한다는 생각을 하게 된다. 상대를 바꾸는 것보다 내가 바뀌는 것이 더 쉬우니.

따뜻한 햇살이 차가운 바람보다 더 쉽게 코트를 벗게 한 이야기처럼.

자기주도적인
아이들

We increase whatever we praise. The whole creation
responds to praise.

- Chales Fillmore -

무엇이든 칭찬을 들으면 자란다. 모든 피조물은 칭찬에 반응을 한다.

— 찰스 필모아 —

노래와 미술을 좋아하고
스스로 답을 찾기 좋아하는 아이들

　수업을 하다 보면 음악을 전공하신 부모의 아이들 중 감사하게도 부모의 달란트가 많이 보였다. 그중 음악과 미술이 동시에 갖춰진 아이는 영어동화책 교육이 더 잘 어울렸다.

　단기 집중력과 표현력이 음악에서 나오고 음악을 전공한 엄마의 철저한 관리와 무대 경험이 더해지고, 미술을 아시니 슬로우 푸드 교육이 가능해서, 동화책 학습에 흠뻑 젖게 할 수가 있었다. 어릴 때 예술이나 책을 통해 조금이라도 자신을 더 잘 표현할 수 있으면 삶이 참 풍요롭겠다는 생각도 하게 되었다.

　예술이 그렇듯 음악과 미술이 스스로 느끼고 발견하는 감성의 학습이라 책을 읽을 때도 그림과 글을 자유자재로 함께 노는 것이 예뻤다. 예술을 전공하게 되든, 안 되든 아이가 나중에 커서 많이 생각나는 수업일 것 같아 동화책 수업을 꼭 해주고 싶다고 데려오시는 분들이 오면 참 반갑다. 따뜻한 분이시구나 싶어서. 이런 자녀들은 집에서도 한국 책을 많이 접해서 책을 읽어줄 때 흠뻑 빠지게 하면 좋을 것 같았다.

어떤 친구는 『성냥팔이소녀』나 『인어공주』 같은 안데르센 작품에 펑펑 울며 "우리 엄마도 그럼 죽나요?" 해서 당황한 적도 있었다. 다만 조심할 것은 아이가 또래 아이보다 성숙하게 되면 아이가 여러 가지 깊은 생각이 많아 힘드니 삶과 죽음은 조금 미화하거나 생략하는 것이 좋을 것 같았다.

하지만 이렇게 생각이 깊은 친구는 많은 책을 읽으면 더 좋지만, 많이 읽지 않아도 생각을 많이 하는 친구라 고학년이 되어 Writing을 해보면 많이 따뜻하고 감동을 주는 자연스러운 글이 나오는 것을 보고 기뻤다.

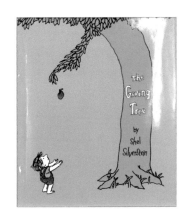

The Giving Tree /
Shel Silverstein

책소개

아무리 없어도 자식에게 다 주고 싶은 부모의 마음을 알게 하는 동화다.

시대가 바뀌며 부모와 자식의 색이 조금씩 바랬지만 그럴수록 어릴 때 아이들이 부모의 마음을 알도록 읽어줬으면 좋겠다. 학습동화보다 먼저.

6~7살 아이들에게 읽어주니 "우리 엄마 아빠도 그런거에요?" 하며 "고맙습니다." 한다. "예쁘다!" 이 마음이 평생 간다면 지금 부모들의 지친 마음에 다시 힘을 줄 것 같다.

영어책을 쓰고 싶은 아이

나중에 미국 가게 되면 영어 동화책 작가가 되게 키우고 싶다는 어머님들이 생각보다 많았다. 이런 아이와 이것을 긍정적으로 보는 어머님들이 있어서 기쁘다. 한국과 달리 외국은 동화작가에 대한 인지도가 중요하기에 적극적으로 밀어주고 싶다. 지금은 조금씩 한국 애니 작가들이 자신의 이름을 걸고 외국에서 활동하는 변화가 조금씩 일어나는 것 같아 너무 기쁘다.

어른들을 위한 한국작가가 해외에서 이름을 떨치듯 한국에서 세계적으로 유명한 그림동화 작가들도 수업 온 아이들이 자란 20년 후에는 많이 배출되면 좋겠다. 지금 보여주는 영어책들보다 훨씬 더 예쁜 그림과 풍부한 이야기로 이뤄진, 어린이를 위한 한국 작품이 이 아이들을 통해 많이 배출되길 바란다.

아이들과 스토리 북을 읽고 이야기를 하고 "만약 네가 작가라면 어떻게 이야기를 바꾸고 싶니?"라고 제안했을 때 아이들이 2학년 정도 되니 꽤 멋진 이야기와 생각이 나왔다. 아이들이 6세부터

The Pied Pipers of Hamelin /
The German Folktale

KEETS에 소장된 책들을 탐독 하도록 시킨 보람이 뿌듯한 순간이 었다.

독일 동화로 약속을 지키지 않자 가장 사랑하는 자녀들을 다 데려가는 이야기이다. 내용도 너무 재미있고, 아이들에게 약속 의 중요성을 일깨워 주기도 좋은 이야기다. 미술을 좋아하는 아 이에게는 이 책 그림 자체가 너무 예쁘게 느껴질 것이다. 영어 책을 쓰고 싶은 아이는 꼭 이렇게 스토리가 많은 책과 독특한 발상을 하는 동화책을 많이 읽길 추천한다. 나이가 들어도 가 장 중요한 것은 스토리와 그림이었다.

세월이 흘러도 생각나는 동화라야 좋은 책이다.

숲을 보고 나무를 보듯
그림을 다 살피고 책을 읽는 아이

올 때마다 20분 정도를 마음대로 책을 봐야 하는 아이들이 있다. 나의 유년시절 때를 돌아보니 그다지 예쁜 그림책이 많지 않았고, 있다 해도 고작 50권 전집에 간혹 그림이 삽입된 책이 집집마다 똑같이 있었던 것 같다. 그것도 아주 부유한 집이나 교육자 집에서 독특한 전집들을 볼 수 있었던 것 같다. 그러기에 책을 무척 좋아하지 않고는 책에 빠지기 쉽지 않았고 밖에 나와 친구들과 함께 어울리는 것이 더 많았던 시절이었다. 그런 시절을 얘기했을 때 나보다 훨씬 어린 어머님들이 오셔서도 공감하는걸 보니 세월이 흘러도 그다지 많이 바뀐 것 같지 않았다. 그래도 그런 환경에서도 너무 책이 좋아 탐독했다는 어머님들이 자녀들에게도 그 마음이 전해지길 원하시는 것 같았다.

돌아보니 그림과 음악을 무척 좋아했던 나에겐 활자보다 사람들의 움직임을 보고 바깥을 보는 것이 더 좋았고, 외국처럼 대화나 토론 문화도 적립되지 않은 한국이라 공상에 많이 가까웠던 것 같다.

그때 이런 예쁜 영어동화책이 있었더라면 하는 바람이 그동안 나로 하여금 끊임없이 그림책을 사게 한 것 같다.

이렇게 예쁜 책을 아이들이 못 보고 자란다면 너무 슬픈 일인 것 같았다. 나의 이 마음은 아이들의 마음을 적중했다. 오는 아이들마다 좋아할 수 있는 것이 다르다는 것을 발견하면서 그 친구들을 위해 지금도 책을 구입한다. 가끔 아이들이 와서는 "우리 엄마도 비싸서 안 사주는 영어책을 선생님은 왜 이렇게 사셔요? 우리야 좋지만." 한다. 그러게 말이다. 그런데 지금 이 아이는 이 책을 봐야 책을 좋아할 것 같은 생각이 들면 사지 않을 수가 없다.

덕분에 아이들은 여기가 놀이터 같았나 보다. 한참 책을 보고 나서 아이가 묻는다. "그런데 왜 주인공 그림이…. 그러니까 선생님이 빨리 읽어주세요."라고 한다. 7살이 되면 엄청 글이 많은 영어책을 가져와서는 질문하고 읽어달라고 할 때면 '많이 컸구나, 더 크기 전에 학습으로 바빠 책에서 멀어지기 전에 많이 읽어줘야 할 텐데'하는 생각이 든다. 특히 성숙한 아이들은 5세가 타이밍이지만 6세는 모두 놓치면 안 되는 시기다. 어머님들이 나이 들어도 6세의 기억은 너무 선명하다는 말을 많이 하는 걸 보며 책임을 더 많이 느낀다.

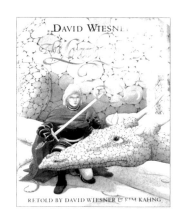

**The Loathsome Dragon /
David Wiesner**

꼭 읽어달라고 가져오는 매력적인 그림의 동화 중 하나다. 세계의 공통된 주제인 stepmother(새엄마)라는 주인공에 마법이 들어가 아름답게 표현한 그림이 절정이다.

우리나라가 호랑이가 나오는 것처럼 외국은 용이 많이 등장한다. 신기하게도 한국 책을 많이 읽거나 어느 정도 영어동화책을 읽어주고 나면 아이들은 작품성이 느껴지는 그림이 눈에 들어오는 것 같았다. 책 고르는 수준이 무척 높아진다. 친구들이 캐릭터 책을 고를 때 아이들은 이런 책을 고르는 것만으로도 어머님들은 반은 이룬 것이다. 이 책 또한 엄마가 해석을 미리 해 봐야 내용을 알 수 있을 만큼의 문장 길이가 길지만 자녀가 엄마를 통해 공부하게 하니 기쁘게 도전해 보길 바란다.

점수 내고 싶은
아이들

*When there is a hill to climb, don't think that waiting will
make it smaller.*

기다린다고 올라가야 할 언덕이 낮아지지는 않는다.

전교 1등을 놓치지 않던 중학생

학교 시험이 끝나면 교장 선생님의 격려 전화를 받는 학생, 수업할 때면 엄마는 수업이 끝날 때까지 흔들의자에서 책을 보는 그림 같은 평안한 가정이었다.

의사가 되고 싶다고 자신을 표현하는데 그냥 보기만 해도 미래에 하얀 가운을 입고 진료하는 모습이 눈앞에 그려지는 얌전한 아이였다. 워낙 관심 분야가 뚜렷해 놀랐던 건 램프까지 실제 해골 사이즈의 스탠드라 깜짝 놀랐고, 수업할 때면 큰 어항에서 150㎝가량의 큰 거북이 움직여 겁을 먹은 나를 보며 가장 즐거워하는 학생이었다.

하지만 어느 가정이나 고민이 있다. 어머니는 아이가 선생님을 쉽게 정하지 않는다며 걱정하셨다. 항상 오랫동안 고민하고 아이가 선택해야 했단다. "그런데 유난히 선생님하고는 빨리 친해져서 기뻐요." 하시며 너무 좋아하셨다. 내가 책과 함께 하며 알게 된 것은 누구보다 내성적이었던 내가 아이들을 좋아하는 것이 전달

되었다는 것이다. 형식적인 영어 선생님의 친절이 아님을 아이들이 느끼는 듯했다. 그 아이의 친구가 되어주고 아이가 좋아하는 책을 잘 맞춰 줄 수 있었던 게 아니었을까 싶다. 사실 그 학생도 수줍음이 엄청 많다고 했었는데 책을 통해 주인공 이야기도 하고 반전의 전개를 보며 빨리 마음을 열 수 있었던 것 같다. 내성적이고 부끄럼 많고 수줍음 많은 아이는 어떤 것보다 책을 좋아한다. 책을 좋아하지 않으면 음악이나 미술을 좋아하는 것 같았다. 그러기에 그림동화는 너무나 좋은 친구다. 꼭 이래야 한다는 고정관념을 깨면 아이에게서 멋진 다른 모습을 발견할 수 있다. 기존의 사회 틀을 깨고 다름을 인정하고 자녀를 보기 바란다.

**The Sweetiest Fig /
Chris Van Allsburg**

이야기 전개가 어떻게 진행될지 모르는 창작동화는 아이들을
즐겁게 한다. 이 동화도 이빨을 치료해준 치료비 대신 무화과
(fig)를 받고 벌어지는 이야기다. 무화과를 먹는 순간 내가 생각
한 대로 내가 바뀌는 일이 벌어진다.

수학을 좋아하는 초등학생

　책을 무척 싫어하는 학교 수학영재반 학생이었다. 어머님은 아이의 정서가 너무 메마를까봐 책을 접하게 하고 싶다고 하셨다. 아니나 다를까 친구는 영어책을 읽을 수는 있지만 흥미를 느끼지는 못했다. 어머님께서 "그래도 신기한 건 학원은 싫어했는데 KEETS는 꼭 간다고 하네요." 하시는 것이 감사했다. 이런 경우 아이들은 저학년 때라도 책을 접하게 하지 않으면 게임을 좋아하거나 책을 떠날 수 있어 많은 관심이 필요했다.

　엄마의 마음이 곧 나의 마음이라 안타까워 시작한 이번 작업에서 이 아이와 유사했던 다른 아이들처럼 다양한 영어동화를 섭렵하기로 했다. 이런 경우 세트동화는 절대 활용하지 않는다. 세트동화는 몇 권만 좋을 뿐 나머지는 의무로 보여주는 경우가 많아 아이들이 싫어하기 때문이다. 먼저 다양한 영어책을 꺼내자 6개월쯤 되니 아이는 관심을 보이기 시작했고 올 때마다 이 친구를 위해 영어책을 준비했다. 역시 영재답게 수준이 학년 보다 훨씬 높게 진

Chess City / Piers Harper

행 될 수 있었다. 저학년에라도 만날 수 있게 되어 다행이었다.

영어동화는 과학고를 가고, 끊임없이 숫자와 과학과 함께 해야 하는 아이들의 휴식이 되는 인문학이라 할 수 있다. 시작은 재미를 위해 아래 그림과 같은 책으로 시작해서 다양한 영어책을 더 많이 접하게 해주려고 어머님들이 노력하시길 바란다.

책 속에 아예 체스판(chess board)이 들어있다. 각 페이지마다 미션이 있는 것을 풀어갈 수 있어서 아빠와 함께 해도 너무 재미 있다. 아이와 부모가 함께 하는 놀이문화가 일반화된 외국 문화가 우리나라에 많이 들어오면 아빠와 아들이 중학생이 되어도 대화가 되지 않을까?

틱 치료를 받으면서도 전교등수를
놓치지 않던 중학생

처음 만난 날, 방에는 왜 이리 영어로 된 약이 많을까? 이상했다. 영양제 같기도 하고. 학생은 같은 또래에 비해 꽤 덩치도 크고 인물도 잘생긴 고등학생 같았다.

처음 수업을 하고 '애가 참 똑똑하네'라고 혼자 읊조리며 즐겁게 돌아온 다음 시간 학생은 지난 시간과 똑같은 질문을 다시 요청하며 설명해달라고 했다. "너 그사이 잊어버렸구나." 하며 농담으로 받고 그대로 다른 예문을 들며 문법을 설명했다.

그런데 그 다음 시간도 또 똑같은 질문을 했다. 한 달이 지나고 어머님이 저녁을 주시며 자녀의 상황을 이야기했다. "많이 힘드시더라도 질문하면 다시 또 설명 부탁합니다." 하신다. 아, 그랬구나. 그 날 이후 나는 그 학생을 더 유심히 챙기게 되었다. 어머님의 말씀이 살면서 늘 맴돌았다. 많이 힘드셨을 텐데 푸념은커녕 "힘들기보다 이 아이가 내게 지금까지 준 사랑이 나에게는 더 크다."고 하던 말이 생각난다. 그렇게 2년의 중고등과정 수업을 마치고 이제는 이해되고 혼자 할 수 있겠다고 하던 학생이었다. 고등학교에 가고 어머님께 받은 전화가 너무 기뻤다. 선생님 덕분에 영어는 늘 좋아하고 전교등수를 떠나지 않는다고. 고난 후에 기쁨은 그 어머님의 사랑이었으리라.

최근에 본 다운증후군 가족이 쓴 『아이큐 50』이라는 책을 떠올리게 하는 가족이었다. "세상에 쉬운 아이는 하나도 없어요. 조반니가 유독 더 힘든 아이라고는 생각하지 않았어요. 다른 아이보다 염색체가 하나 더 있는 아이를 주셨으니 우리는 지금껏 겪어보지 못한 남다른 육아를 해볼 수 있겠구나 싶은 생각이 들더라고요." 하시던 엄마의 말이 생각난다.

**King Midas Golden Touch /
Charlotte Craft**

돈에 눈이 멀어 그만 딸마저 황금이 되는 이야기가 이 세상 모든 아버지의 부성애를 느끼게 할 수 있지 않을까 싶다. 딸의 눈물을 보고 아빠가 흘리는 통곡이 가슴 찡하게 잘 표현된 그림이다. 금으로도 바꿀 수 없는 자녀에 대한 사랑을 너무나 잘 묘사한 책이다. 어머님들과 상담하다 보면 엄마의 눈물 속에 담긴 그 사랑을 진하게 느끼게 된다.

학습할 의욕이 없는
뭔가 이유가 있는
아이들

When you give yourself, you receive more than you give.
- Antoine de Saint Exupery -

네 자신을 주면, 준 것보다 더 많은 것을 받게 될 거야.

─ 생떽쥐베리 ─

동생이 미운 아이

항상 나가면 동생이 더 예뻐(잘 생겨서) 칭찬을 받는다. 항상 나가면 애교가 많고 눈치가 빠른 동생이 칭찬을 받는다. 가르쳐주면 항상 동생이 더 잘해 칭찬을 받는 그런 동생이 너무 밉고 어쩌다 장난으로 언니(형)를 무시하면 그동안 참던 것이 다 올리와 미칠 것처럼 울고 소리친다. 심성이 착해서 화도 못 내고 그냥 몰래 숨어 훌쩍인다. 그것이 잦아지니 이유도 모른 채 힘이 없고 의욕이 없다. 뭔가를 할 때도 자신감이 없다. 3개월쯤 수업을 했을까? 그것을 발견하고는 참지 말고 동생에게 반응하는 법을 제안했다.

관련 동화를 들려주었다. 책을 읽고 얘기를 나누는 사이 아이 얼굴이 밝아지며 '나만 그런 게 아니고 다른 친구들도 다 그렇구나, 내 마음을 표현해도 부끄러운 게 아니구나'라고 생각하며 기뻐하는 눈빛이다. 그때부터 엄마에게도, 선생님에게도 이야기하고 적극적인 도움을 요청하기도 하며 아이는 조금씩 달라지고 영어숙제도 즐겁게 해왔다. 어딘가 이런 친구는 또 있을 거라 생각한다.

Feeling Angry / Joy Berry

자라면서 성격으로 형성되어 마음에 짐으로 남지 않도록 부모는
어릴 때부터 세심한 관심을 가져야 할 것 같다.

책소개

동생 때문에 화를 절제할 수 없는 순간순간의 과정을 섬세하게
잘 풀어낸 동화다. 늘 너무 착하고 순종하는 아이, 엄마의 칭찬
을 듣고 싶은 아이들은 자기감정을 표현하는 방법을 가르치는
것이 꼭 필요하다. 그렇지 않으면 늘 아이가 눈치만 보며 참다가
성격 형성에 많은 영향을 줄 수 있다.

언니 옆에서 기죽는 동생

　항상 언니가 학습이나 재능이 뛰어나 말도 크게 하지 않던 동생의 이야기다. "못해요. 안 해요." 하던 동생에게 끝없이 칭찬과 격려를 하고 가볍게 책을 통해 이야기 나누며 친해지고부터 달라졌다.

　작은 소리가 커지고 '나도 언니(형)처럼 할 수 있구나', '나도 이런 걸 잘 할 수 있구나'라는 마음을 발견하게 한 뒤부터 아이는 신나게 웃기도 하고 이제 엄마에게 사랑받으려고 노력하고 불안해서 애교를 부리지 않아도 되었다.

　어느 집이나 가장 친하면서도 가장 최고의 경쟁자는 형제인 것 같았다. 공부만을 보지 말고 그 아이만이 가진 잘하는 것을 발견하고 칭찬하고 그것을 격려하면 공부는 저절로 좋아지는 것을 학생들을 통해 경험했다. 공부가 조금 부족하면 또 다르게 그 아이가 잘하는 것이 꼭 있었다. 사회를 이루려면 모두가 같은 분야에 전문가가 될 필요도, 모든 사람이 CEO가 될 필요도 없고. 워킹 맘이 무조건 행복한 것도, 현모양처가 되는 것이 정답도 아니었다. 각자의 정답은 자신이 행복을 찾아가는 속에 있기에 공부만이 기준이 되는 획일화된 관점을 접을 필요가 있었다.

아이들에게 자신만이 잘하는 것을 찾아 사랑하는 마음을 심어주는 것이 필요했다. 어릴수록. 고정되기 전에. 어머님들의 어린 시절을 들으며 공부든 운동이든 악기든 최선을 다해보게 하는 것은 중요한 것 같았다. 그 과정 속에서 삶의 태도인 절제, 인내, 선택과 집중, 학습법, 휴식하는 법, 문제를 발견하고 풀어가는 법 등을 많이 연습하게 되어 인생에 적용되는 것 같았다.

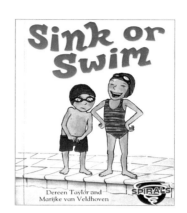

**Sink or Swim / Dereen Taylor
Marijke Van Veldhoven**

책소개

유머부터 시작해 학습까지 무엇이든 잘하는 그런 누나가 늘 너무 부러운데 그런 누나에게서 미처 알지 못했던 빈틈이 있음을 발견하고 자신의 가능성을 찾아서 기뻐하는 이야기다. 코믹한 그림이라 어떨까 했는데 아이들이 너무 좋아해서 물어보니 "이야기가 너무 재미있어요." 해서 깜짝 놀랐다. 역시 아이들은 스토리였다.

새로 태어난 아가 때문에
엄마 사랑이 고픈 첫째

아가가 태어나고 첫째는 엄마 사랑을 빼앗긴 것 같아 무척 힘들어하고 산만해지며 안 하던 행동을 하여 엄마를 힘들게 한다. 태어나 인생의 쓴맛을 경험하는 첫 시작이기도 하다. 그것도 동생으로 연년생이거나 쌍둥이가 태어나면 어머님들은 너무 가슴이 아프다. 그동안 너무 정성을 다해 첫째를 보살폈는데, 아무것도 할 수가 없고 멈춰있는 시간은 퇴보하는 것 같은 기분까지 든다. 그런 아이들의 마음을 잘 읽어주고 이해하고 즐기게 하지 못하고, 동생들에 지쳐 화내고 무관심하고 혼내다 사춘기 때 엄청나게 힘든 과정을 겪는다. 꼭 아이 마음을 열기 힘들면 책의 힘을 빌려서라도 대화로 감정을 읽어주길 바란다.

Peter's Chair / Ezra Jack Keats

부모님이 동생이 태어나자 어릴 때 아끼던 첫째의 물건을 다 가져가서 아가에게 준다. 아가에게만 온 정성을 다하는 것에 질투가 생기는 첫째는 물건을 다 가지고 와 숨기고 숨어버린다. 그런데 막상 의자에 다시 앉으려하니 이미 작아진 의자를 보며 당황해 한다. 그때 슬퍼하는 첫째에게 아빠는 새롭게 만들어진 의자를 건네주는데 그때 아이의 모습이 다시 회복되고 동생을 예뻐하기 시작한다. 부모가 아이 마음을 이해하고 보듬어 주기 참좋은 동화다.

잘못된 파닉스 교육으로
영어가 싫어진 6학년 예술가

꼭 한번 와서 딸을 좀 만나달라는 어머님의 권유에 시작한 첫 만남이었다. 첫날 만난 아이는 나를 힐끗 곁눈질로 보는 것이 기분 나쁜 감정이 역력했다. "선생님이랑 수업 안 해도 되는데…", "이 책은 너 주려고 가져온 거니 한번 보렴." 하고는 아이가 좋아할 것 같은 책을 건네주고 집을 나선 다음 날, 딸이 수업하고 싶어 한다는 의외의 대답을 듣게 되었다.

6학년이라 꽤 영어를 하겠지 생각하고 스토리 북을 읽어주고 영어로 질문하니 "Yes, No" 하며 가만히 있기에 다 이해하는 줄 알았다. 책을 주고 "혼자 읽어 볼래?" 했더니 2줄쯤 읽더니 갑자기 엎드려 펑펑 울기 시작했다.

"나 영어책 못 읽어요." 하면서 우는 아이의 모습에 당황해서 "어머! 미안, 난 네가 다 아는 줄 알았어. 괜찮아!" 했더니 영어학원 원장님께 개인 수업을 받았는데 파닉스를 엄청나게 많은 규칙을 가르치며 읽게 하셔서 지금도 책을 잘 못 읽는다는 말에 깜짝 놀랐다. '이럴수가! 이렇게 똑똑한 애를! 6학년이면 한 달만 매일 하면 끝날 규칙을!'이라는 생각이 들었다.

"괜찮아! 지금부터는 규칙이 떠오르면 지우고 잊어버리는 거야. 네가 책을 읽기 위해! 알았지?"

그렇게 시작된 파닉스는 그 친구의 얼굴에 웃음과 목소리를 찾아줄 수 있게 되었다. 6학년 한 해라도 영어를 좋아하게 해주고 싶다는 어머님 부탁으로 아이랑 나는 미술, 음악, 연극을 겸비해서 동화책을 재미있게 동생들이랑 함께 공부했다. 주눅이 들어 작던 소리도 커지고 얼굴에 웃음을 지을 때면 얼마나 예쁘던지… 1년쯤 되었을까 손재주가 아주 많은 친구였는데 어머님이 예술을 하기에는 한국입시가 따님의 성향이랑 너무 안 맞을 것 같다며 많은 고민을 하고 외국으로 보낸다는 소식으로 헤어졌는데 그곳에서 꼭 멋지게 십 대를 펼치길 바란다.

I Hate English! / Ellen Levine

영어를 사용하는 곳에 와서 힘든 학습 과정을 좋아할 수 있게 하기 위해, 영어로 편지도 쓰고 말도 하게 되는 과정이 전개된다. Culture Shock(문화적 충격)을 극복하는 힘든 과정이 잘 표현되어 그 심정을 이해할 수 있게 해준다.

부모의 퇴직으로
불안해하던 중학생

　중학교 1학년 한 학기는 그다지 공부하지 않아도 나오던 영어 점수가 이번에 70점대가 나오자 자녀가 침대에 들어가 일어나지도, 나오지도 않는다며 어머니가 안타까워하며 데려오셨다. 첫날 한 번도 영어 원서를 본 적이 없다는데 "이 책 한번 집에 가서 읽어 봐. 이게 숙제야."라고 주니 다음 시간 수업에 와서 단어가 막히는 건 없는 데 무슨 말인지 해석이 전혀 안 된단다. 욕심이 있는 친구였다. 그런데 얘기를 나누며 느낀 것이 아빠의 퇴직을 앞두고 장남의 역할을 해야 한다는 불안을 갖고 있었다. 겨우 중1 밖에 안 된 아이가.

　불안을 내려놓아야 수업이 가능했다.

　"어차피 일어날 일은 걱정 해도, 안 해도 일어날 거고 그건 네가 할 수 있는 게 아니잖아. 그럼 네가 할 수 있는 건 네가 집에 있으며 매일 불안해 해야 하니 이건 어떨까? 차라리 네가 자립형 공립학교를 가면 학비도 비싸지 않고 형편에 따라 장학금 받을 수도 있어. 대학교도 가서 열심히 하면 장학제도가 있어서 학비가 어느 정도 해결될 거고, 대학 잘 가면 아르바이트도 쉬워. 그럼 걱정할 것 없잖아. 공부만 생각하자. 나머지는 하늘에 맡기고. 선생님도 기도 할게." 하자 아이는 그전보다 더 치열하게 공부했다.

예상대로 아이는 원하는 고등학교에 입학했다. 예쁘고 고마웠다. 세상을 멋지게 이겨줘서. 이제 마지막까지 기숙사에서 지금처럼 꼭 해내길 바라며 헤어졌다. 비교하지 말고. 너를 위해 준비된 축복을 마음껏 누리길 바란다.

위기는 곧 기회라는 것을 잊지 말길.

A Child's Garden /
Michael Foreman

분단된 두 나라의 경계 너머 최악의 상황, 아주 작게 피어나는 새싹을 보고 주인공은 사랑과 정성을 들인다. 그러나 전쟁이 다시 일어나고 새싹은 찾을 수 없고 마음이 내려앉은 그 아이에게 보인 것은 반대쪽에서 뾰족이 올라와 조금씩 넝쿨을 이루는 것을 발견한다. 이 이야기를 통해 살면서 내 잘못도 아닌데 내게 찾아온 불행 앞에 깜깜할 때 이 새싹처럼 희망이 되어 힘을 줄 수 있길 바란다.

부모의 이혼으로 방황하던 중학생

학생 어머님과 수업인사를 나누고 "네, 알겠습니다. 얘야, 네 방으로 가자." 하고 방으로 가니, 갑자기 아이가 문을 닫자마자 침대에서 펑펑 울기 시작했다. 당황해서 "왜 그러니? 수업하기 싫으면 안 해도 돼." 하니 아이는 "우리 엄마는 나 아파도 이마에 손도 한번 안 올려주세요." 한다.

그렇게 아이는 눈이 퉁퉁 붓도록 첫날 내 앞에서 울더니 엄마 아빠가 어릴 때 이혼해서 아빠 집에서 할머니가 키우셨는데 아빠가 재혼해서 사는 곳에 계신 할머니가 보고 싶다고 운다.

표현이 없는 엄마보다 할머니가 더 그리운 아이였다. 수업을 시작할 수가 없었다. 내가 해줄 수 있는 게 뭔가를 생각하게 되었다. 수업을 갈 때면 아이가 하고 싶은 얘기를 들어주고 장난치고 놀다가 "숙제는 꼭 해야 한다. 궁금한 것 있으면 언제든 전화해."라는 말만 하고 와야 했다. 아이는 나를 만나는 즐거움에 숙제는 꼬박꼬박 다하고 학교 시험도 꼭 100점 아니면 1개 정도 틀려왔다.

엄마는 선생님이 놀다 가는 것 같아 안타까운데 이 아이에겐 이게 수업이었다. 부모 외에 줄 수 있는 어떤 사랑…. 그 사랑으로 아이는 공부도 하고 살아야 할 이유를 발견한다. 그때 이런 동화책이 있었다면 하는 아쉬움이 있다.

지금도 이런 친구가 어딘가에서 울고 있을 것 같다. 그런 친구에게 이 책을 권한다. 작은 위로가 되길, 그리고 넌 혼자가 아니라고 말해주고 싶다.

**Charlie Anderson /
Barbara Abercrombie**

새엄마, 새아빠를 받아들여야 하는, 새로운 상황을 받아들이는 아이의 감정을 잘 표현한 동화다. 이혼이라는 쉽게 내놓을 수 없는 주제를 아무 일도 아닌 것처럼 받아들이도록 아이의 심리 변화를 잘 표현해 놓은 이 책을 추천한다.

외국은 우리보다 더 일찍 이혼을 겪은 나라라 아이들을 위한 동화주제로도 다뤄진 것 같다. 이렇게 외국동화를 통해서라도 가정의 아픔을 공감할 수 있어 다행이다.

까만 피부로 자신의 외모를
속상해 하던 아이

요즘 아이들이 일찍 자신의 외모와 이성에 눈을 뜬다. 예쁘면, 잘생기면 먹고 살 수 있다는 십대들의 말. 그런 아이들에게 외모가 아닌 다른 자신감을 심어주는 것은 너무 중요하다. 자신을 판단하는 기준이 외모에 대해 타인에게서 듣게 되는 말과 칭찬으로 자신이 각인되는 것 같아 안타깝다. 그런 아이에게 마틴 루터 킹 책을 권했다.

7살 밖에 안 된 아이가 집에서 위인전을 탐독하듯이 본다는 엄마 말에 이 책을 권했더니 책을 심각하게 보고는 이 사람이 어떤 사람인지를 물어보고 "그럼 내가 위인이 될 수도 있네요."라고 말한다. 'I have a dream'이라는 멋진 연설도 들려주자 따라 해보는 모습이 멋지다. 가끔 어머님들이 아이가 사춘기 때 너무 힘들게 해서 성형외과까지 갔다 온 경험이 있다는 말을 들으며 한국의 외모지상주의가 얼마나 아이들을 피폐하게 하나를 생각하게 된다.

**Martin Luther King Jr. /
David A. Adler**

외모로 고민하게 되는 사춘기가 오기 전에 자신을 단단하게 만들어줘야 한다. 까만 피부로 고민하는 아이에게 이 책을 추천했더니 조숙한 친구라 이 책을 좋아했다고 하시며 아이 수업을 부탁하고 싶었다는 분도 있었다. 꼭 그 이유가 아니어도 한 번쯤 꼭 읽어야 할 동화다.

'I have a dream' 원문을 만날 때쯤에는 "나 마틴 루터 킹 아는데." 하며 즐겁게 자신의 꿈을 위한 연설을 할 수 있길 바란다.

엄마를 너무 좋아하는 아이

"어린아이에게 엄마는 우주이며 신이다."라는 말이 생각난다. 가난 때문에 워킹 맘으로 나갈 때 떨어지지 않으려는 아이를 어린이집에 보내야 하는 많은 어머님과 아이들은 어떡하나. 슬픈 현실이다.

그런데 엄마가 24시간 같이 있고 엄마만 좋아해 힘든 아이들을 수업하면서, '이런 아이들도 힘들구나'하고 느꼈다. 타고난 성향도 원인이지만 무엇보다 엄마가 아이를 데리고 바깥으로 많은 사람 속으로 데려가 줘야 하는데 어릴 때는 남의 집에도 불청객이라 쉽지 않다.

이런 아이들이 수업 올 때면 꼭 손수건, 인형, 베개 같은 것을 가지고 온다. 더 놀라운 건 이 친구들이 아주 똑똑하다는 것이 아니러니다.

수업에서 내가 해야 할 숙제는 정서적으로 안정과 믿음과 평안을 줘야 한다. 무슨 일이 있어도 "나는 네 편이야!"라는 확신, 그

확신이 열리면 아이들은 학습 속도가 엄청 빠르다. 늘 가지고 오던 애착 물건도, 엄마를 확인하는 것도 안 하고 도리어 "엄마 오늘 왜 이렇게 빨리 왔어?" 할 때면 어머님들은 서운함까지 느껴질 정도다. 우습지만 신기하게 떨어진다.

그럼에도 불구하고 성공하지 못한 친구도 있다. 그 경우는 나랑 아이가 더 많이 놀 수 있도록 기다림이 더 필요했거나 지금까지 다른 선생님이 대신 하지 못할 만큼 엄청나게 엄마가 너무 잘해준 경우인 것 같았다. 엄마가 다 할 수 있지만 엄마에게서 보다 더 많은 것을 배우도록 다양한 선생님에게 마음을 열수 있게 해준 것 같아 기쁘다.

**Don't Want to Go! /
Shirley Hughes**

엄마의 외출을 거부하고, 베이비시터(baby sitter)를 거부하는 아이의 상황을 바로 옆집에서 지켜보듯이 그려놓은 동화다. 그림도 예쁘고 표현도 지금 아이가 할 수 있는 말을 옮겨놓은 것 같다.

착한 아이로 자라
학원에 지친 아이

　수업하다 보면 너무 착해서 엄마는 얼마나 좋을까 할 때가 있다. 의자에 앉아 지속하는 시간도 꽤 길고 선생님이 요구하는 사항도 잘 따라 하고 숙제가 아무리 많아도 잘 해낸다. 그런 유형의 아이가 학원에서의 학습에 녹초가 되어 오는 경우가 안타깝다.

　엄마에게 힘들다며 저항하지 않아 엄마는 전혀 모른다. 그러다가 초등학교 고학년이 되거나 중학교 사춘기가 될 즈음에 엄마는 아이가 모든 학습을 다 내려놓고 안 가려고 한다며 심각한 얼굴로 찾아오서서 안타깝다.

　그때는 몰랐다. 책과 함께 가는 것이 느린 것 같아 탁탁 중요한 부분만 알려 주고 시험점수가 나오게 해주는 학원이 똑똑해 보였다. 지혜로운 엄마였다고 생각했는데 정작 삶을 다시 돌아보게 되는 시점이다. '휴(休)'라는 글자가 생각나 쉬어가야 할 때다. 진짜 지혜로운 엄마는 아이의 성향에 맞게 가는 것이다. 아이가 조금 느린 친구면 일찍 시작해 살살 달래며 길을 안내하고 천천히 가

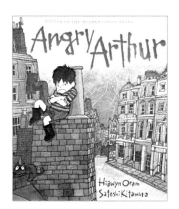

Angry Arthur / Hiawyn Oram

는 것, 아이가 속도를 원하면 속도를 맞춰주되 엄마가 조금 쉬어
가게 하는 것, 그걸 몰라 요즘은 초등 2학년이면 전쟁과 함께 찾
아오신다. 이런 친구에게 쉬어갈 수 있게 하는 건 책보다 좋은 것
은 없다.

이런 친구는 자신의 화를 표현하는 것이 도움이 되었다. 늘 순
종하던 것에서 탈피하게 도와주는 것이 필요한데 주인공이 가
족에게 반항하는 장면들을 넘길 때마다 아이들은 회심의 미소
를 짓는다. 간접 즐거움이랄까? 그 결과와 마지막의 반응도 무
척 도움이 된다.

영어유치원으로 지친 아이

　모든 아이가 그렇지는 않다. 그렇지만 학습량이 자녀가 소화할 수 있는 양보다 많았는데 지속되었거나 내성적이고 부끄럼이 많아 나서는 것도 두렵고, 못한다는 말 한마디에도 위축되는 아이도 있다. 아는 것에 비해 표현력이 작아 얼마나 아는지를 눈치 채기가 쉽지 않은 아이, 완벽주의를 추구하는 아이, 말하는 것보다는 그림으로 그리고 쓰는 것이 더 즐거운 아이, 주위에 거친 아이나 몸으로 노는 친구들이 있을 때 늘 불편하고 힘들어하는 아이, 경쟁을 싫어하는 아이, 무조건 일등 해야 하는 아이. 이런 친구는 영어유치원이 많이 힘든 것 같았다.

　언어는 기계처럼 흉내만 내는 것이 아니라 생활 속에서 익혀야 하기 때문에 부대끼는 것이 힘든 친구들은 엄마가 유념해서 지켜봐야 한다. 옆집 친구가 한다고 다 좋은 것은 아니다. 두 자녀가 있어도 한 아이는 효과가 좋아도 다른 아이에게는 최악의 선택일 수 있었다.

지쳐 와서 바닥을 닦으며 뒹구는 아이, 예쁘게 생겼는데 코를 파는 아이, 인형에 애착을 느끼는 아이 등 아이들은 스트레스를 행동으로 표현한다는 것을 깨달았다. 이를 보다 확실하게 알게 된 것은 아이들이 밝아지고 "너 그때 왜 그랬니?"라고 물어볼 수 있을 때쯤이다. 그 시간이 지나고 아이가 준비되면 아이는 충분한 학습을 받아들일 그릇이 커진다. 영재교육, 조기교육은 속도가 아니라 누리고 자연스러워지게 하는 과정 속에 아이의 잠재능력을 발견하고 키워주는 것이다. 그래서 잘 노는 아이가 아니라 잘 어울리는 아이를 만들어야 영재는 건강할 수 있다.

**The True Story of the 3 Little Pigs!
/ Jon Scieszka**

학습이 먼저 들어가서 지친 아이에게 누구나 아는 이야기의 원래 이야기와 패러디를 읽어주는 것은 새로운 즐거움이다. 늑대 입장에서 본 아기 돼지 삼형제를 들려주니 원어민하고만 계속 쉬지 않고 공부했다는 4학년 남자아이가 박장대소를 해서 깜짝 놀랐다. 아이가 이야기 반전의 매력에 흠뻑 빠지는 순간이었다.

아버지의 죽음으로
힘들어하던 중학생

갑작스러운 암으로 법 없이도 살 것 같았던 너무나도 착실하고 착하던 아버지를 잃고 힘들어하던 학생, 장남의 책임감과 충격으로 감정조절이 안 되는 엄마, 초등학생인 어린 남동생, 생계와 학업을 고민해야 하는 어린 학생, 뭐라 위로할 수도 대신 해결해줄 수도 없던 학생. 그런 마음을 풀어줄 수 있는 10대를 위한 책이 한국에는 없을까?

그러던 중 발견한 이 책. 어떻게 아이를 위한 동화를 이렇게 아름답게 표현했을까? 이렇게 아픈 아이들 마음을 만져주고, 느끼고, 이야기 나눌 수 있는 책이 한국에도 많이 나오면 좋겠다. 번역해 한국에 전하고 싶어도 판권이 너무 비싸다. 한국어보다 원어로 보는 감동이 또 다를 테니 그대로 보길 권한다. 학습동화는 많지만 엄마가 학습동화부터 읽으라고 하면 손이 갈까? 한번쯤 생각하며 자녀에게 교육하면 좋겠다. 아이들이 책을 좋아할 수 있도록. 아이들의 영혼이 피폐하지 않도록.

Everett Anderson's Goodbye /
Lucille Clifton

이 책을 처음 발견하고 너무 놀랐다. 어느 목사님이 사별로 겪게 되는 4단계를 말씀하시는 데 이 동화책에 그대로 실려 있었다. 연필로 그린 그림이라 더 가슴 아리고 "아빠를 한 번만 볼 수 있으면 뭐든 하겠어요." 하는 말과 눈물이 있는 장면은 너무나 아름답고 찡하다.

워킹 맘 자녀

수업하다 보면 워킹 맘의 자녀는 더 많이 마음이 쓰인다. 워킹 맘 자녀라 더 바쁘게 자신을 스스로 챙기는 아이가 있는가 하면 뭔가 어수선하고 불안하고 산만한 아이가 있다.

이런 엄마를 아이들이 이해할 수 있을까. 이제 더욱 워킹 맘이 일상화될 텐데. 아이들이 이것을 받아들이고 스스로 하는 아이가 되길 요구하기엔 너무 어려운 숙제다.

그런 엄마를 이해하는 자녀를 그린 이 동화를 보며 아이들이 조금이라도 힘이 되면 좋겠다. 책을 읽어주다가 자기와 비슷한 상황의 이야기를 들려주면 말을 잘 안 하던 아이도 막 흥분해서 "나도 그랬어요." 한다. 아이의 고민을 책으로 접근하고 풀어 가면 아이들은 쉽게 고쳐지는 것을 보게 된다.

A Chair for My Mother /
Vera B. Williams

엄마가 일하고 돌아오면 늘 다리가 아프고 피곤해하는 모습을 보며 아이는 갑작스러운 불로 집안에 모든 가구를 잃은 상황에도 동전을 모아 예쁜 의자를 엄마에게 선물하는 이야기다. 이 작가의 그림은 눈에 확 들어오진 않지만 아이들 그림 같기도 해 친근감이 간다. 내용 또한 작품상을 받을만하다.

바쁜 아빠가 손님 같은 아이

　요즘은 일로 인해서 주말부부가 되거나 외국 출장으로 아빠와 몇 달씩 못 보는 가정이 생각보다 많아진 것 같다. 자주 찾아갈 수 있으면 좋겠지만 생각만큼 여건이 쉽지 않아 아빠가 부재중인 가정이 많은 것 같다.

　아이들이 고등학생이 되면 큰일에만 아빠가 있어도 되니 오히려 큰 문제가 되지 않으나 아이들이 어린 경우에는 특히 중요한 존재인 것 같다. 잠시라도 함께 놀아주는 아빠의 온기와 남편의 든든함에서 아내와 아이들이 느끼는 안정감은 아이들의 눈빛에서 쉽게 느껴진다. 놀아달라고 해도 바빠서 시선을 맞춰주기도 쉽지 않은 업무의 피로. 이런 서운한 아이들의 마음을 공감해주고 아빠의 변화를 이끌어낼 수 있는 동화가 필요하다. 유아나 초등, 중등, 사춘기에 더 많이 아빠가 필요하다. 특히 주말부부라 아이들이 아빠를 한 달에 몇 번 보는 아이들을 수업에서 만나면 아이의 눈빛이 흐리다. 아무래도 엄마도 우울해지니 아이에게도 전이 되는 것 같

Ted / Tony Di Terlizzi

다. 그래서 책을 통해 나처럼 그런 친구가 많다는 것을 느끼면 아이들은 큰 힘이 되는 것 같다.

아빠가 늘 바빠 못 놀아주는데 그때 찾아 온 친구와 아빠를 기쁘게 하기 위해 집안에 수영장을 만들려고 물을 가득 넣고 벽에 그림도 그린다. 이런 모든 해프닝이 너무도 어이없지만 그 속에 아빠가 자신의 동심을 발견하는 스토리 전개가 잠시 잊고 사는 우리 부모들의 추억을 떠올리게 한다.

무엇보다 외국책은 한국책처럼 내용이 무겁지 않아 좋다. 어떤 상황에도 항상 유머를 잃지 않는 이야기 전개가 영어책을 더 권하고 싶은 이유다.

조기 유학생활로 한국학교
적응이 힘든 아이

글로벌이 대세인 요즘 몇 년의 유학생활이 그다지 놀랄 일이 아닌 시대가 왔다. 되려 한 번도 안 갔다 온 아이가 영어를 잘하면 토종으로 눈에 띄는 시기라고나 할까. 그러다 보니 외국에서 왔는데 영어나 한국어를 못하면 아이들에게 미움의 대상이 된다.

한국은 다른 것이 틀린 것이 되는 분위기라 아이들이 힘들다. 한편으로 거친 친구들은 자신을 인정해버리고 융화되면 아무 문제가 없지만 연약하고 어린 친구들은 그것이 참 많이 힘겹고 도망가고 싶어지고 엄마에게도 말하지 못하거나 엄마가 더 어린 경우에 힘들다. 작은 일이 큰일이 될 수 있었다.

그러다보니 아이들이 그것을 다 노출하고 얘기하며 풀어갈 수 있는 과정이 필요한데 그것이 학원이나 학교가 다 해줄 수는 없고 이해할 수 없는 부분도 있어 비밀을 지켜주고 방법을 찾아줄 그 무엇이 필요하다. 그러기에 영어가 전부가 아니고 수단이라는 것이다. 이 경우 아이는 자신의 마음의 돌파구를 찾지 못할 경우, 그동안 현지 생활로 얻은 재능을 써보지도 못하고 소멸시켜 버리게 된다.

가장 먼저 필요한 것이 책을 통한 간접경험과 문화충격을 줄여서 외국을 가는 것, 그리고 가서도 한국어 교육과 문화를 반드시 심어주는 것이 중요하게 되었다.

무엇보다 실수 할 수 있고, 고쳐 갈 수 있다는 자신감을 심어줘야 가능한 것 같았다.

**Chrysanthemum /
Kevin Henkes**

한국에 들어와 한국어를 잘 못하고 한국문화도 익숙하지 않아 학교생활이 힘든 이야기처럼, 이 동화는 긴 이름 때문에 놀림 받는 이야기로 부모에게 말할 때 끙끙 앓는 모습과 그런 아이에게 끊임없이 용기를 주는 아빠의 안타까워하는 내면 연기, 선생님의 재치가 너무나 공감을 줄 수 있도록 그려진 동화다.

아토피가 심한 아이

하루는 수업을 받고 싶다고 하며 7세 아이의 어머님이 들어오셨다. 그런데 아이가 의자에 앉지를 못했다. 아토피가 몸 전체를 덮었기 때문이었다. 얼굴은 말할 것도 없고 엉덩이가 너무 심해서 앉지를 못해 가슴이 아팠다.

아이는 아무 죄도 없는 데…. 영어를 부탁하시는데 어떻게 해야 하나 고민하다가 예전에 건강이 우선이라고 생각하는 내 가치관으로 인해 한 아이의 수업 부탁을 미뤘더니 많이 속상해 하시던 어머님이 떠올라 수업을 바로 시작하기로 했다. 왜냐하면 이런 친구는 스트레스가 큰 영향을 주기 때문에 반드시 영어책 교육으로 학습하며 천천히 가야 해서 어머님의 이해가 필요하기 때문이다. '아토피는 완치가 아니고 금방 끝나는 것이 아니기에 시작해 줘야 하는구나.' 그때서야 깨달았다.

매 수업 때마다 약밥에 밑반찬까지 건네주시면서 아이의 건강과 선생님의 건강까지 챙겨주시며 수업이 계속됐다. 건강한 아이

**Avocado Baby /
John Burningham**

보다도 더 성격이 밝고 명랑한 그 아이는 6개월쯤 되었을까. 엄마
의 정성이 통한 듯 내 눈에 그 아이만의 재능이 정확히 보이기 시
작했다. 아토피는 쉽게 끝나는 전쟁이 아니기에 천천히 꾸준히 단
어암기나 시험을 위한 영어 학습을 다른 아이들보다 늦추고 오히
려 책을 많이 읽으며 아이의 마음도 안정시키고 더 깊이 있는 영
어를 시켜주시길 원했던 어머님의 선택이 탁월했던 것 같다.

태어날 때부터 약하게 태어난 아이를 눈물로 키우다가 어느 날,
아보카도를 먹고 천하장사가 되어 도둑을 잡는 이야기다. 엄마
가 아무리 줘도 아기가 아무것도 안 먹자 훌쩍훌쩍 우는 장면
은 모든 엄마가 특히 공감하는 부분일 것 같다.

베이비시터의 자리

엄마, 아빠가 다 전문직이라 쉴 수가 없어 아이를 유모에게 맡겼다고 한다. 그러던 어느 날 아이의 말수가 줄어들고 멍하게 앉아 있는 모습을 보고 갑자기 이상하다 생각했다고 한다. 그리고는 이유를 알고는 한참을 펑펑 울었다고 한다.

베이비시터(Baby sitter)가 집안일을 신경쓰시느라 아이랑 편하게 놀아주고 함께 얘기하는 것을 해주지 못했음을 알게 된 것이다. 순종형의 예민한 아이라 베이비시터가 불편하고 어렵고 외롭고 힘들었는데 엄마를 이해해야 하는 어른아이가 되어 있었던 것이다. 그 이후로 엄마는 직업을 내려놓고 바이올린을 거의 전공수준으로 시키면서 학교 활동도 예전에는 행사에 물질로만 참여했는데 적극적으로 어울리기 시작하다가 나의 수업을 알고 오셨다고 한다. 많은 워킹 맘의 현실이다.

순종형 아이는 내적인 상처로 아프고, 활동적인 아이는 행동으로 아픔을 표현한다. 외적으로 나타내는 아이는 싸우고 부대끼는 행동을 통해 사춘기려니 하며 모두가 쉽게 알 수 있지만 내적인 아이들은 엄마가 미처 깨닫지 못한 채 시간이 흐른다. 더 위험하게. 책을 읽으며 이야기하며 참 많이도 친해졌다.

아이들은 부모 외에 이렇게 자신을 보여도 되는 사람이 필요했다. 그런데 섬세한 아이들은 자신의 이야기를 쉽게 친구에게도 선생님에게도 할 수가 없다. 이해하지 못하기 때문이다. 여기서 이론이 아니라 수업하며 깊이 친해지는 과정이 필요한데 이때 선생님의 삶의 경험과 가치관과 성품이 중요한 역할을 하게 되는 것 같았다.

The Selfish Giant /
Oscar Wilde

책소개

아이들을 사랑하는 마음이 없으면 남의 아이를 자녀로 키우기 힘들다. 마음의 문을 닫아 자라지 않던 거인의 정원에 아이들의 웃음이 가득하고 꽃이 피는 이야기인데 유난히 예쁜 그림과 나중에 그 아이가 천사임을 알고 무릎 꿇고 우는 장면은 너무 아름답다.

시간이 흐를수록 KEETS를 찾아오는 아이들의 순수한 웃음소리를 들으면 천국이 이럴 것 같다 생각하게 된다.

할머니의 육아

　요즘은 워킹 맘이 갈수록 늘어나 할머니가 육아를 담당하는 일이 많아졌다. 딸이 계속 일하기를 원하던 친정 어머님이 딸이 미안해할까 봐 몰래 더 할 수도 있는 교사직을 내려놓고 손녀, 손자를 전적으로 돌보신 분이 계셨다. 부러울 만큼 친정 어머님은 두 아이의 학습계획과 식단을 준비해 그동안의 경험을 바탕으로 내 딸보다 더 잘되게 키워야겠다는 열정을 갖고 시작하셨다. 한 분은 아주 열심히 사랑을 듬뿍 담은 훈육을 시작하시고 다른 한 분은 만점을 받도록 엄격한 훈육을 시작했다. 두 가정을 8살 후반에 다시 만났을 때 전혀 다른 아이가 나왔다. 할머니 사랑을 많이 받아 다른 어떤 아이들보다 모든 면이 훌륭했는데 첫 번째 아이는 생활이 잡히지 않았고, 두 번째 아이는 초등학교 시험 100점을 안 받으면 큰일 나는 아이로 만들어져 있었다. 다른 접근이 필요했다.
　엄마와의 적극적인 재시작이 필요했다. 갖추지 못한 것을 만들어야 수업 속도가 붙을 수 있다는 걸 인식하고 그런 유형의 책을

The Little Match Girl /
Hans Christian Andersen

읽히며 아이랑 많이도 장난치며 공부했다. 영어공부는 조금 천천히 갈 수밖에 없었지만 아이는 밝은 얼굴과 어유로운 웃음으로 조금씩 변하고 있었다.

할머니가 읽어주면 더 감동일 것 같은 동화다. 성냥팔이 소녀를 번역해보게 하니 다들 'match seller' 같은 대답을 한다. 그 답은 영어 원서에서 찾아야 한다. 그림이 유화 느낌이 나고 아이가 할머니를 만나는 장면은 아이가 울어서 혼났다는 어머님도 계신다. 그만큼 아이가 감성이 풍부하다는 것이라 본다.

너무 어린아이에게는 shooting star(별똥별)라는 표현으로 죽음을 대신해서 '별이 되었다'로 이야기할 수 있게 그림을 넣어서 더 감사하다.

자존감이 낮은 아이

아이 키우는 이야기를 하다가 학교생활에서 많이 다른 것을 알게 되었다. 영재인 아이일수록 탐구형인 아이가 많아 하나에 몰입하면 다른 것을 놓치는 아이들이 많았다. 자기 분야에 대한 관심이 고조되다 보니 친구들보다 탐구영역이 더 많은 관심사가 되고 그것을 보고 부모는 그런 자녀를 부족한 환경에서도 밀어주고 싶어 노력하지만, 한국에서는 똑같지 않으면 아이들이 살아가기 힘든 사회 시스템이라 엄마들은 외국으로 나가기도 한다. 하지만 어린 나이에 외국으로 가서 겪는 소외감이나 외국에 나가지 않더라도 한국에서 힘든 입시와 사회를 경험하며 아이들의 성격이 거칠어지거나 자존감이 심하게 무너진다.

아이는 정작 그 나이에 배워야 할 사회 학습이 있는 데 입시 앞에 한국 아이들은 여유와 감정이 극도로 피폐화되고 고3은 엄마도 아이도 함께 지옥을 경험하는 것 같다. 우연히 알게 된 이 책을 보며 "아! 어쩜 이렇게 부모 마음을, 아이의 감성을 잘 표현했을까." 싶은 마음에 감동했다. 이야기를 아이 눈높이에 딱 맞게 풀어가는 것이 너무 예쁘다. 나이 들며 잊었던 동화가 위로가 될 때가 있듯 이 동화가 부모와 아이에게 잠시 휴식이 되면 좋겠다.

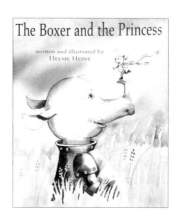

**The Boxer and the Princess /
Helme Heine**

늘 자신의 외모와 나약한 몸과 성격에 고민이 많은 코뿔소의
이야기다. 그런 자녀가 마음을 열지 않고, 부모 말을 안 듣는
것에 한계를 느낀 아빠는 더 이상 못 참겠다고 주먹을 휘두른
다. 하지만 오히려 아빠가 심하게 다치는 일이 벌어지고 마침내
아들은 집을 떠나게 된다. 떠나는 아들을 향해 엄마는 문 앞
에서 연락하고 밥 잘 챙겨 먹으라며 우는 장면은 세계가 통하
는 엄마의 모습인가 보다. 마지막으로 진실한 사랑의 말을 통
해 조금씩 용기를 내어 마음을 여는 주인공의 모습은 말로 표
현할수 없을 만큼 가슴 찡한 감동이다.

독특한 분야에
호기심이 많은
아이들

Every person that you meet knows something you don't
learn from them.

만나는 누구에게나 무엇인가 배울 수 있다.

만화를 좋아하는
초등 저학년 아이

귀여운 캐릭터가 그냥 그려지는 아이, 개구쟁이라는 느낌이 드는 귀여운 아이가 찾아왔다. 얘기를 몇 마디 나누다 보니 벌써 '재미있는 아이구나!'하고 느껴진다. 그런데 책을 읽고 내용을 적어보면서 아이의 글이 영어유치원 2년 차인 것에 비해 쓰기능력이나 표현의 어휘가 뭔가 부족함을 느꼈다. 책을 그다지 다양하게 좋아하지 않았거나 책을 많이 접하지 않은 아이들은 대체적으로 이렇게 원어민 수업을 많이 해도 비슷한 결과를 보였다.

오히려 만화를 쓰면 더 쉽겠다는 아이에게 표현의 기회를 주니 신기하게도 내가 잊고 있던 의성어를 표현하고 있는 것을 보고 기특했다. 장래희망도 이런 친구는 레고 전문가, 기차 디자인, 디즈니 등 기발한 아이디어가 필요한 곳을 꿈꾸기 마련이다.

이 친구에게 딱 맞는 책이겠다고 생각하고, 책을 건네주니 너무 좋아한다. 이런 유형의 책으로 흥미를 갖고 서서히 다양한 책에 접근으로 더 많은 아이디어를 꿈꾸게 되길 바란다.

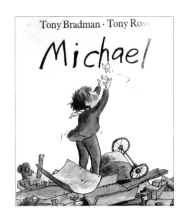

Michael / Tony Bradman

늘 로켓만 좋아하고 남들과 달리 똑같은 것을 하기 싫어하고 누가 뭐래도 자기가 좋아하는 것을 깊이 탐구하는 아이의 이야기다. 선생님을 포함해 모든 사람이 마이클을 포기하지만 마지막 불가능을 가능하게 한 로켓 발사로 마이클에 대한 편견을 완전히 깨뜨린다. 만화를 좋아하는 아이들의 엉뚱함이 잘 통하는 동화다.

게임을 좋아하는 아이

첫날 유난히 미소가 예쁜 아이가 들어왔다. 의자에 앉는 것보다 주위에 보이는 그림과 책상에 앉아 노는 게 더 즐거운 아이였다. 엄마는 아이가 친한 아이랑 함께 수업하면 좋겠다고 하셨지만 성향은 5세부터 이미 달라진다.

학원은 단어를 외우고, 독해를 하는 곳이라 상관없지만, 학습자세가 안되면 학원은 아이를 받아줄 수가 없다. 그런데 이런 아이들은 아주 기발한 아이디어가 많은 아이들이라 창의성이 뛰어났다. 이런 아이들은 똑같이 하는 것을 싫어하고 새로운 것에 도전하는 것을 무척 좋아해 충분히 누리고 대화하는 학습이 필요했다. 더더욱 이런 친구들은 영어책으로 접근하는 것이 좋다. 생각이 다양한 아이를 자세만 보고 점수를 매기고 판단하는 것은 위험하다. 정신없이 교실을 뛰어다녀도 아이의 귀는 항상 열려있다. 아이가 자신의 생각과 표현을 온전히 나누고 선생님과 친해지니 상상하지 못한 에너지가 나오는 것에 놀랐다.

6세쯤 아이들이 책을 읽고 즐기는 아이가 있는 반면 전혀 책에 관심이 없어지기도 한다. 이 아이들은 오직 게임이다. 이 아이가 좋아할만한 책으로 풀어가기 시작했다. 그렇게 6개월쯤 되니 갑자기 아이가 "이거 보고 싶어요. 지난번 재미있었어요." 한다. 엄마는 집에서 학습 태도를 잡고 나랑은 책을 좋아하게 하는 작업이 들어가며 아이는 그 미소를 잃지 않았다. 그것이 감사했다. 학습으로 먼저 달린 아이들은 실력은 좋아졌을지 모르나 커다란 안경을 얻었다. 그 무엇보다 6살의 그 환한 미소가 사라졌다. 엄마는 파악하지 못하지만 2학년 밖에 안 되었는데, 빡빡한 스케줄로 이 아이는 얼마나 힘겨웠으면 "해보죠!" 보다는 "휴! 또 해야 돼요?" 한다.

이렇게 학습으로 지친 아이들도 책과 함께 6개월쯤 지나니 이제 자신의 어젯밤 꿈 이야기, 친구 이야기, 할머니 이야기도 쓱쓱 쉽게 한다. 고맙다. 언젠가 성인이 되었을 때 이 순간이 참 좋았다 하길 바란다.

Jumanzi / Chris Van Allsburg

로빈 윌리엄스 주연의 영화로도 상영된 이야기다. 주사위를 던
져 주어진 말대로 현실에서 일어나는 내용으로 읽어주면 겁내
는 아이도 있는데 게임을 좋아하는 아이들은 스릴을 즐기며 좋
아한다.

요리사가 되고 싶은
초등 저학년 아이

"많은 아이들이 '사'로 끝나는 직업을 얘기할 때, 우리 아이는 '나는 분리수거에 집게차 운전하는 아저씨 되고 싶어요'라고 말하는 데 이이가 없어요." 하는 이야기를 들으며 많은 어머님들이 웃을 때 나는 '이야! 그 친구 관찰력이 대단하구나!'라는 생각이 들었다. 한 번도 그 아저씨를 유심히 보지 않는 어른들과는 달리 아이는 보고 있었다는 거다.

그런데 초등 저학년이니 엄마는 조금 움찔할 수밖에 없다. '독특한 생각이 현실이 되면 어떡하나'한다. 연예인, 축구선수라 해도 겁나는 데 여자의 전유물이라 할 수 있는 요리에 관심을 갖는 것에 엄마는 애를 잘못 키웠나 한다. "우와! 그 친구 어찌 알았지? 요즘 요리사는 일등신랑감이에요." 하니 어머님이 잘못 찾아온 건가 하는 눈빛이다.

저학년이면 아직 괜찮다. 희망 직업이 지금부터 5번은 바뀌리라. 현실과도 타협하며 자신의 한계도 느끼며. 수업을 시작해보니 언어 구사력도 뛰어나고 지능도 높은 것 같은데 학습에는 그다지 의욕이 없는 듯한 인상을 주기 쉽다. 요리도 과학이다. 이런 친구는 과학을 잘하고 매일 매일 새로운 것에 도전하길 좋아하고 똑같은 걸 싫어한다. 학원이 안 맞는 이유다. 책은 매일 바뀌기에 그림책을 다양하게 보는 것은 이런 아이에겐 기발한 아이디어를 발견할 수 있는 활화산이다.

William's Doll /
Charlotte Zolotow

이제 직업에도 남녀 구분이 없다. 이 책은 인형을 좋아하는 아들이라 힘든데, 유일하게 그것을 격려하고 힘을 주는 할머니와의 이야기다. 우리는 살면서 단 한 사람이라도 다름을 인정하고 나 그대로를 격려해줄 사람이 있다면 살만하다. 꼭 셰프(chef)가 아니라도 먹는 것의 수고와 즐거움을 알게 하는 건 너무 좋은 것 같다.

앉아있기 힘든
초등 저학년 아이

초등학교 아이들의 심리와 학교 교육을 경험하고 싶어 들어간 초등학교 교실에서 한 아이가 계속 뛰어다녔다. '이 아이는 좀 특이하구나' 싶어 아이들에게 물어보니 수업 때 담임선생님이 항상 교탁 옆에 책상을 붙여놓고 거기서 수업을 한다고 한다.

갑자기 욕심이 생겼다. 내가 떠나는 1년 뒤에 꼭 변화를 보여주고 가리라고. 동화책도 읽고 미술, 음악, 체육 같은 각종 활동도 하던 어느 날, 아이가 싱글벙글하며 뛰어 들어와서 "선생님, 저 오늘 선생님한테 칭찬 들었어요." 한다. 이유를 물으니 선생님이 수업시간에 가르쳐주신 한국 동요를 율동과 함께 영어로 불렀더니 선생님이 깜짝 놀라며 "너 영어로 어떻게 그렇게 잘 부르니?" 하시고 친구들 앞에서 박수도 받았다고 하는 것이다. 그제야 나는 '아이가 뛰어다니지만 이야기를 다 듣고 있었구나' 알게되었고 조금씩 의자에 앉아있는 시간이 길어지기 시작했다.

그런 이후 어느 날 DVD를 보는 날이었다. 'Snowman' DVD를 보는 중에 'Walking in the air' 노래가 흐르자, 갑자기 아이가 너무 슬프다며 하염없이 울기 시작했다. 너무 놀라웠다. 뭔가 찡하다는 감정을 이렇게 느낄 수 있는 아이였다는 것이 너무 감사했다. '그 아이의 감정이 무엇인지를 누군가가 터칭해주지 못하고 끊임없이 지적했구나, 교육은 모두에게 똑같이 맞춰지는 건 아니구나' 싶었다. 자유로움 속에 아이가 감정을 느낄 수 있다는 것이 감사했다.

전교생과 교장 선생님 앞에서 하던 마지막 공연에서 고양이 역할까지 멋지게 해내며, 에너지를 쏟아준 그 아이가 오랫동안 기억날 것 같다.

**The Snowman Storybook /
Raymond Briggs**

원작 'Snowman'은 글이 없는 데 타국으로 오면서 글이 있는 동화책이 되었다. 책도 좋지만 DVD는 더 아름다운 것 같다. 꼭 어릴 때 보여주시길 바란다. 영국 BBC에서 방영하는 동안 엄청난 인기를 얻었다.

CEO 같은
아이들

Courage is resistance to fear, mastery of fear
- not absence of fear.
- Mark Twain -

용기란 두려움에 맞서 그것을 정복하는 것이지
두려움이 없는 상태가 아니다.

— 마크 트웨인 —

아빠의 사업을 중국으로
확장하겠다는 중학생

계속 학원을 다녔는데 학교 성적이 진전이 없다고 하시며 어머님이 오셨다.

"학교에서 친구들 고민과 연애를 해결해주느라 자기공부는 언제 하는지 모르겠어요." 하셨다. 수업을 시작하고 얼마 안 되었으나 외모나 언변이 예사롭지 않은, 흔히 이야기하는 걸크러쉬 느낌이 있어 친구들 사이에서 인기 있는 여학생이겠다 싶었다. 슬슬 이야기를 시작하면 선생님을 즐겁게 하는 법도 알고 다음 시간에는 이 친구를 더 탐구해 보고 싶다는 호기심이 생기는 학생이었다. 학생을 수업하다 보면 어머님들이 놓치게 되는 것 중에 하나가 아이가 공부해야 하는 이유를 발견하는 과정이다. 낭비 같지만 유치한 목적도 좋다. 크든 작든 아이를 신명나게 달리게 할 수 있으면 좋은데 그것을 알아내는 것이 수업의 이유였다. 그렇다고 처음부터 시작하는 것은 도망가라는 소리이니 적절한 타이밍이 중요하다. 놀라운 것은 이 친구는 "꼭 외고를 가고 싶어요. 특히 중국어로!" "왜?" "아빠가 사업을 중국으로 진출하고 싶어 하는 데 그걸 도와주고 싶어요. 오빠가 있는 데 오빠는 그 그릇이 안 되는 것 같아요. 그러니 내가 중국어로 외고를 졸업하면 대학 때 도와드릴 수 있을 것 같아요." 놀라웠다. 엄마는 딸을 감당 못 하겠다고 속상해 우시는 데 내 눈에는 이 친구의 비전과 가능성이 보였다. 유치부 아이들 책을 보더니 유치하다는 눈빛을 주길래 "한번 읽어볼까?" 하니, 예상치 않게 모르는 어휘가 있음에 놀라 당황하는 모습이 보였다. "무슨 이야기일까? 한번 영어로 얘기해볼래?" 하니 엄청나게 당황하며 자신의 한계를 느꼈다. 그 다음 시간, 꼬마들이 수업하고 나가는 걸 보면서 일반적인 아이들은 "애기들 수업하는 선생님이구나." 하는데 이 친구는 "아, 내가 10년만 젊었다면 저렇게 즐겁게 공부했을 텐데."라고 말하는 것이다. 그 이후로 친구는 엄청나게 열심히 공부했다. 예상했던 대로 친구는 외고에 합격했다. 합격 소식을 전하며 "이제 기숙사 가니 선생님 못 뵐 것 같아요. 대신 저 외국 학생들이 보는 햄릿 같은 명작을 전부 다 좀 구해주시면 안 될까요?" 했던 친구였다. 그랬던 그 친구의 아빠 회사가 최근에 광고를 하고, 전국 백화점 매장에 있는 것을 보고 깜짝 놀랐다. "역시 멋진 딸! 내가 처음에 알아봤지!" 싶었다. 멋진 CEO가 되어 있길 바란다.

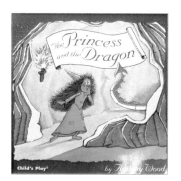

The Princess and the Dragon /
Audrey Wood

이 책을 보면 그 친구가 생각난다. 짧은 커트 머리에 늘 청바지를 입고 오는 그 친구는 씩씩한 말투와 유머에 입담까지 예사롭지 않았다. 친구들 연애 상담하고 웃겨주기에 충분한 캐릭터다. 이 동화 속 공주처럼 여자라고 꼭 드레스를 입고 악기를 우아하게 연주해야 한다는 고정관념을 그대로 깨준다. 요즘 트렌드이기도 한 'girl crush' 같은 친구들의 마음을 공감해 줄 것 같다.

결혼으로
꿈을 접어야 했던
엄마들

Each time something difficult and challenging has happened
to me it has marked the beginning of a new era in my life.

- Kimberly Kirbergar -

역경과 난관은 항상 내 인생의 새로운 전기가 되었다.

― 킴벌리 커버거 ―

고등학교를 졸업한 엄마

첫날 첫 만남에 "저는 고등학교 밖에 못 나왔어요. 그래도 할 수 있을까요?", "당연하죠. 영어는 두뇌가 아니라 성실이 이루는 공부입니다. 그리고 아이들 책이라 크게 어려운 문법이 나오는 게 아니니 누구나 할 수 있어요. 다만 조금 생소할 뿐이죠."

그렇게 시작된 만남에 너무나 열심히 노력하시는 게 눈에 보였다. 예상대로 9개월의 영어 동화책 과정을 마치고 마지막 프레젠테이션을 하던 날 모든 어머님과 나는 놀라서 기립박수를 칠 수밖에 없었다. 영어 선생님들보다 대학을 졸업한 다른 분들보다 더 멋지게 연출하는 걸 보고 놀라지 않을 수 없었다. 발표를 마치고 어떻게 준비 했는지 물으니 "두 딸한테 한 달 동안 평가 받았어요."라는 대답이 돌아왔다. "엄마 재미없어. 엄마 거기는 이렇게 해봐." 하며 우리 아이들이 재미있다고 할 때까지 했다는 것이 대답이었다. 감동이었다. 너무 예쁜 엄마와 너무 예쁜 딸들. 그들의 합작품이었다.

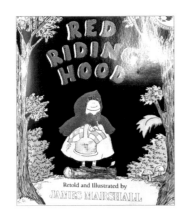

**Red Riding Hood /
James Marshall**

모두를 부끄럽게 하는 순간이었다. "없는 자, 낮은 자, 약한 자를 들어, 있는 자, 높은 자, 강한 자를 부끄럽게 한다."는 하나님 말씀이 떠오르는 순간이었다. 너무 감사했다.

두 딸이 발표를 정말 재미있게 하도록 도와줬다고 한 작품이다. 누구나 아는 빨간 망토 이야기를 현대판 표현으로 바꿔놓았다. 바로 활용해도 손색이 없을 만큼 일상 표현이 많아 아이들을 더 재미있게 한다.

내 꿈을 찾아 늦었지만
영문과에 입학했던 엄마

집까지 초대해서 공부 어떻게 하셨는지 알고 싶다며 갈증을 호소했던 분이다. 9개월 수업 듣고 프리젠테이션을 하고 나니 영어가 좋아지고 잘하고 싶은 욕심이 났다고 한다.

어느 날 길에서 초췌한 얼굴로 인사를 하셔서 무슨 일일까 했더니, "선생님 저 방송통신대학교 장학금 받고 공부해요. 1학년으로 들어가 이제 졸업반이에요."라고 한다. 놀라웠다. 3학년 편입도 아니고 1학년이라니. 두 초등학생 엄마가…. 선생님 수업 듣고 영어에 욕심도 나고 용기도 생겨 도전했단다. 도전에 칭찬을 보냈다.

평생 남을 미련을 과감히 저지른 용기에 모든 사람에게 가능성을 보여주셨다. 우리는 이런저런 이유로 나의 꿈을 잊고 있지는 않나 생각해본다. 남편과 아이 뒷바라지 하느라 자신을 잊고 살았는데 자녀가 고등학생쯤 되었을 때 쓸쓸하고 허무함이 느껴진다는 어머님들을 보며 신혼 때의 웃음을 50대에도 간직할 준비를 아이랑 함께 해보면 어떨까?

**Clementine's Letter /
Sara Pennypacker**

수업에 오신 분들 중 영어를 좀 하시던 분들에게 추천했던 책이다. 번역해보면서 3권 시리즈라 부담스러웠는데 너무 재미있어 막 읽었다는 분들이 많았다. 한 번쯤 시작해 보길 권한다.

백혈병에 걸려 죽음과 사투를
벌이고 삶의 끝에서 다시 만난 엄마

첫날 20명 정도가 앉아있는 교실에 한 분이 머리에 두건을 쓰고 앉아있었다. 혈색도 그리 좋아 보이지 않고. 무슨 일인지 물어보기도 어려운데 그분이 당당하게 말씀하셨다. 어느 날 상상치도 못했던 백혈병이 찾아와 죽음이 두려울 때 두 딸을 보며 견뎠고 이제 1년에 몇 번 마지막 항암치료를 하고 있는데 병원에서 가장 가슴 아팠던 게 아이들이랑 함께 할 수 있는 시간이 많지 않아 제일 미안하고 가슴 아팠다는 것이다.

이제 다시 살기 위해 탁구를 치열하게 하고 몸이 좋아져서 아이들을 위해 내가 무엇을 해줄 수 있을까 고민하다가 이 수업을 왔다고 하신다. 아, 이렇게 사랑스러운 엄마가…. 3개월이 지나고 발음이 너무 좋아져 "발음이 엄청 좋아졌어요. 뭐하셨어요?" 하니 "선생님이 첫날 구입해 주신 책들을 9개월 동안 매일 소리 내서 읽어보라고 하셔서 그렇게 했어요."라고 대답하셨다.

알지만 실천하지 못하던 다른 분들에게 새로운 미션을 주시던

**Beating Stress /
Family Christian Stores**

분이다. 당당하게 삶에 맞서는 모습이 너무 멋있고 존경스러웠다. 살기 위해 시작한 탁구로 이제는 남편 회사에 선수로 나간다던 그 분. 아이들도 그런 엄마를 보며 삶을 뜨겁게 살지 않을까.

착하고 힘 있는 아이들을 만들고 싶다는 한 교수님이 추천해주서서 도움이 많이 된 책이다. 암 투병으로 머리가 다 빠진 상태를 가리려고 모자를 쓰고 강의실에 앉아 있던 그 어머님의 얼굴이 떠오르며 지금도 병으로 힘들어하는 이들에게 이 책이 자신의 상처를 내어놓을 용기와 이겨낼 수 있는 힘을 내는데 조금이라도 도움이 되길 바란다.

학벌과 부 앞에 상처받은
엄마와 아이들

교육에 가장 치열한 동네로 이사 오고 싶은 엄마, 형편은 부족하나 공부를 잘하는 아이들과 교육의 중심이 되는 곳에서 공부시키고 싶어 모여든 엄마, 어떻게 보면 나 또한 그런 엄마가 아니었을까 싶다. 대단한 엄마라기보다 그래도 내게 주어진 기회인 한국에서만큼이라도 최고의 교육을 받게 하고 싶은 부모의 마음이었던 것 같다.

아이가 유난히 학습에 욕심을 내고 성과가 나오니 좀 더 나은 결과가 나올 수 있는데 기회를 주지 못해 후회할까봐 안타까웠던 것 같았다. 그러나 공부는 도움이 되었을지 모르나 자녀는 많이 피폐해진 것 같다. 인생에서 배워야 할 여유와 따뜻함 보다는 경쟁과 치열함을 배워야 했던 것 같다. 공부를 위해!

이런 이야기를 강의하며 느낀 그대로 표현하자, 갑자기 많은 분들이 삶에서 느낀 힘겨움을 털어 놓았다. 학력이 남편보다 낮아서 받는 시댁에서의 스트레스, 그래서 더 자녀를 SKY에 보내야 한다는 중압감을 받는다는 이야기부터 시작해서 아가를 유모차에 태워 낑낑거리며 백화점 엘리베이터를 타는 데 애 데리고 왜 쇼핑 나오는지 모르겠다는 말에 하루 종일 울었다는 분, 외국에서 막 귀국해 한국학교에 입학하니 한국말 못한다고 놀려 다시 미국 가고 싶다는 엄마, 지방에서 올라와 사투리 한다고 무시하는 아이, 옷 입은 게 촌티 난다고 놀리는 아이, 친구들이 외국 여행을 많이 갔다 와서 주눅 든 자녀 때문에 할 수 없이 외국여행을 보냈다는 엄마도 있었다.

우리 아빠 CEO야, 우리 삼촌 영화배우야, 우리 고모부 판사야 같은 이야기를 하며, 이 많은 족보를 꺼내 자신을 차별화시키려는 아이들이 지금도 있다. 초등학교 생활이 끝나고 고등학생이 되면 아이들은 이제야 됨됨이만을 보게 된다. 그때까지 우리 아이들은 참 많이도 세상에서 어른 못지않은 혼돈 속에 견뎌야 했다. 집에 있는 엄마가 느끼지 못할 정도로. 내 자녀가 그럴까봐 엄마는 더욱 자녀에게 무엇이든 뛰어남을 강조하며 얘기하는 것 같았다.

한국의 교육이 어느 정도에서 성장하지 못하는 원인이 이것이 아닐까 싶었다. 결국은 또 아이들은 혈연, 지연, 학연과 같은 부모에게서 배운 똑같은 사회 학습을 익혀가는 것이 교육자인 나로서는 가슴 아팠다.

그럼 과연 아무것도 없는 곳에서 태어난 진주 같은 아이들은 무엇을 갖고 무엇을 위해 성장할 수 있을까. 외국 교육 안에도 절망할 부분은 많지만, 단 한 가지 내가 꼭 배우고 싶었던 것은 나눔,

나는 특별하다, 그리고 하나만 잘하면 살 수 있는 곳.

　필요에 의한 기부가 아니라 정말 필요한 곳을 찾는 기부가 있었다. 그렇다면 한국이 아직도 다르다고 여기는 것은 뭐가 외국인에게 물어보니 '효', '정'이라는 말을 들었을 때 부끄러웠다. 다시 이것을 회복시킬 수 있다면 한국은 세계에서 인정받을 수 있는 차별화된 나라가 다시 될 수 있지 않을까 생각해본다.

Purpose Driven / Rick Warren

나는 가장 존경하는 엄마의 모델로 신사임당도 당연히 본받을 만하지만 한석봉의 엄마는 어떨까 생각해본다. 조건이 다 갖춰지면 아이에게만 집중하면 되지만, 가난하여 못 배운 상황에서도 아이로 하여금 공부하게 했고, 화내지도 않고 아이가 공부를 하고 싶게 만들었다.

엄마들이 돈과 학벌 앞에 작아지지 말고 내가 가진 것에 감사하고 지금 할 수 있는 것에 최선을 다하며 많은 사랑을 주면 아이들은 잘 자라는 것 같다. 영어교육에 있어서만큼은 불평등을 평등으로 만들고 싶어 시작한 영어책 교육이 도움이 되길 바란다. 어디에 살든.

갑자기 혼자가 된 듯
쓸쓸하다는 외동자녀 엄마

한 자녀를 키우다 보니 아이에게 다른 엄마들보다도 더 정성을 들인 것 같다는 어머니. 하루하루 남편의 출세와 아이를 잘 키워야겠다는 일념으로 정신없이 10년 가까이를 살았는데 이제 와서 놀아보니 남편은 출세하고, 공부도 마쳐서 갈수록 좋아지고 아이는 이제 컸다고 엄마보다 친구가 더 좋다고 하는데 갑자기 눈물이 핑 돌고 나는 그동안 무엇을 했나 슬프다며 수업을 오셨다.

이제 가정에서 사회로 방향을 바꿀 타이밍이다. 엄마이기 이전에 한 인간이기에 이제 삶의 의미를 찾게 된다. 종교를 갖고 있어도 늘 자신의 변화를 추구하게 되는 것은 당연한 생각인 것 같았다.

그래서 책도 보고 다양한 문화강좌를 듣지만 많은 분이 40대가 되면 나는 그동안 무엇을 했느냐고 허무해 하셨다.

나는 그들에게 꼭 다양한 것도 좋지만 하나에 몰입해보면 어떨까 추천해본다. 그것이 영어든 취미든. 단 그것이 꼭 자신이 해보고 싶었던 것이라면, 돈을 버는 것이 아니더라도 하나에 최고가 되

The Bremen Town Musicians /
Ilse Plume

려고 시도해보라고 권하고 싶다. 다만 이것이 필수가 아니기에 포기하는 것들이 많지 않았을까 생각해본다.

나이가 들수록 더 아름답고 여유로워야 하는 데 한국은 그러기가 쉽지 않은 문화가 주를 이루는 것 같다. 이제 나이 듦도 즐기고 누릴 수 있어야 한다. 넉넉함으로 젊음을 품어주고 웃음을 잃지 않아 어린아이와도 친구가 될 수 있어야 행복해진다. 그런 우리 엄마들의 세월에 이 책을 권한다.

난독증이 심한 아가씨

난독증이 심해 아직도 영어를 못 읽어서 대학원 준비가 너무 힘들다고 찾아온 아가씨의 이야기다. 이걸 해결하려고 유명하다는 곳은 안 가본 수업이 없다는 분이었다. 어떻게 그동안 배웠는지를 들어보니 황당했다. 엄청난 규칙을 다 외웠다고. 누가 만든 규칙인지 거의 언어학 수준 이상이었다. 나조차도 잘 모르고 다 못 외우는 것을 다 외우고 있었다.

수업을 시작하고 수업할 때마다 "이것만 하면 되나요?"라는 의구심의 질문을 계속하셨지만 꾸준히 하면서 그동안 기억하고 있던 규칙을 생각에서 지우도록 했다. 아이 수준으로 접근하고 가르쳤다. 그분은 성인이라 더 힘들었다. 오히려 기억력이 지워지지 않아 힘들었다. 아이들은 쉽게 외우고 쉽게 잊어버리는데 얼마나 예전에 외우셨는지 기억하는 것이 걸림돌이 되었다. 수업하면서 자신은 난독증이라는데 난독증이 아니라 잘못 배운 탓인 것 같았다.

꼭 대학원을 포기하지 않고 도전하길 바라며 이별을 했다. "선생

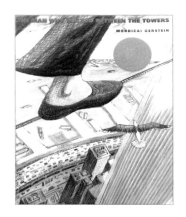

**The Man Who Walked Between
The Towers / Mordical Gerstein**

님을 좀 더 일찍 만났더라면" 하는 그녀의 말을 뒤로하며 교육의
책임감을 더 많이 갖게 되는 분이었다.

그녀가 포기하지 않길, 자신의 꿈을 이뤄내길 바라는 마음으
로, 권하고 싶은 책이다. 한때 영화로 본 작품이 바로 이 동화책
이었다. 모두가 안 된다고 불가능을 얘기할 때 주인공은 협력할
동료를 만들고 꿈을 이뤄냈다. 최고 높이의 타워 사이를 걸어가
던 마지막 장면은 어떤 언어로도 표현할 수 없는 감동이었다.
안 된다는 주위의 비웃음을 받을 때 꼭 필요한 응원의 동화가
아닐까 싶다. 그녀에게는 더더욱!

아기가 생기지 않아
마음이 아픈 예비 엄마

참 이상한 일이다. 수업하며 '아이를 갖는 것이 엄청난 축복이구나' 싶었다. 8년 만에 가진 아가, 시험관 아기로 거우 쌍둥이를 가진 어머님들이 아이를 갖게 된 기다림에 대해 이야기를 나눴다. 이야기 들으며 이유가 궁금해져서 의사인 엄마와 이야기를 나눠보니 제일 중요한 건 부모의 건강과 특히 엄마의 정신적·육체적 휴식이 필요함을 알 수 있었다.

일이나 마음으로 스트레스가 생기면 더 아기 갖기가 쉽지 않다는 말에 예비 엄마가 영어책을 보면 좋겠다는 생각이 들었다. 그래서 특강으로 태교영어를 하니 예비 어머님들 중 어떤 분이 아기가 영어로 안 힘들었으면 해서 성문 기본 문법책을 보신다는 말에 깜짝 놀랐다. 또 다른 분들은 태어나지 않은 아이에게 좋은 것을 주고 싶어 원서로 이해하면 한 권이면 되는 내용을 비싸게 사는 걸 보고 너무 안타까웠다. 원서를 모르는 결과가 이렇게 클 줄 몰랐다.

더 열심히 강의를 해야 하는 목적을 갖게 되었을 때쯤의 일이다. 수업에서 책을 보면서 엄마들이 육아가 힘들어 둘째가 용기가 안 났는데 책으로 아이와 가까워지니 다시 아이가 너무 예뻐 보이기 시작했다는 말이 나오고 자연스럽게 수업을 듣는 동안 산모준비를 하듯 아기가 생겼다며 기뻐하는 어머님들이 생기기 시작했다.

착한 마음을 가지니 하늘이 축복하시나 싶어 너무 감사했다. 만삭인 어머님들은 출산 후 우연히 만나 못 알아보자 먼저 "선생님! 가르쳐주신 특강을 아이가 뱃속에 있을 때 해줬었는데 태어나서 해주니 반응해서 깜짝 놀랐어요." 하는 분도 계셨다.

정말 결혼은 했지만 엄마 교육 없이 어쩌다가 엄마가 되는 사회가 조금이라도 달라지면 좋겠다. 연습 없이 자식과 남편에게 부딪치며 배워가는 것도 좋지만, 30대 어머님들의 예비학습과 연장자들의 경험이 수업 중에 있어 내가 오히려 많은 것을 배우게 되는 것 같았다. 혼수 이전에 마음과 몸을 준비해서 엄마 예행연습을 하고 결혼하면 좋겠다.

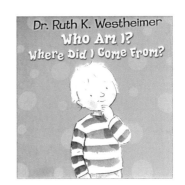

Who Am I? Where Did I Come From? / Dr. Ruth K. Westheimer

아이가 성장하고 성인이 되는 것부터 결혼과 사랑과 아가가 생기는 것과 탄생까지 너무나 상세하게 설명이 되어 있다. 2000년 초에는 이런 책을 읽어줘야 하나 했었는데 엄마가 아기를 갖기 전에 읽고, 아이에게는 학교에서 교육을 받을 때쯤 이 책을 보여주면 좋을 것 같다. 요즘은 사건도 많으니 갈수록 읽어주는 시기가 빨라지는 것 같다.

영어 동화책의
새로운 장을
열어주신 분들

Education is what survives when what has been learned
has been forgotten.

- Kimberly Kirberger -

교육이란 배운 것을 잊어버린 후에도 남아 있는 것

― 킴벌리 커버거 ―

대학강의에 영어 동화책을 활용하고
싶다는 철학과 강사님

　내가 만난 영어 동화 작가 중 'Leo Lioni'는 20년이 흘러도 떠오르는 작가 중 한 명이다. 세상을 바라보는 관점과 사춘기 자녀를 보는 것 같은 동화다. 작가는 과연 그것을 전하고 싶어 이야기를 시작한 걸까, 여러 가지를 생각하게 하는 작가라고 얘기하며 책을 소개했다. 철학과 강사님이라 나보다 훨씬 더 많은 지식으로 이야기를 풀어가는 방법을 아실 텐데. "선생님의 생각이 너무 좋아요." 하시며 수업 때 꼭 활용해보고 싶다고 하셨다. 요즘처럼 책의 필요를 못 느끼는 사회에 몰린 대학생이나 취업전쟁으로 책을 볼 여유도, 자신을 들여다 볼 시간도 없는 대학생들에게 인문학강의로 멋지게 풀어 가시길 바란다.

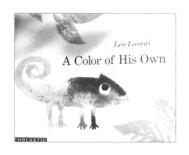

A Color of His Own / Leo Lionni

자기 자신의 색깔을 찾지 못해 다른 사람들을 보며 부러워하고 그 사람을 흉내 내면서, 자신을 찾기보다는 자신을 더 잃어가던 주인공, 방황하다 한 친구를 만나고 서로를 나누며 "나는 나, 너는 너 그대로가 가장 아름답다."는 진정한 자신을 발견하게 된다.

이런 이야기는 동물을 주인공으로 하고 있어, 아이들도 이해할 수 있게 해 시간이 흘러 어른이 되어도 기억나는 동화가 될 것 같다.

아이들을 위한 공연에
활용하고 싶다던 공연기획사

수업에 들어오셔서 몇 개월을 참석하시더니 미국에서 한참을 헤매며 좋은 아이디어가 안 나왔는데 이 수업 들으며 좋은 공연 아이템을 발견하고 간다고 하시던 한 분. 내가 개인적으로 무척 좋아하는 책이다.

'The Wizard of OZ(오즈의 마법사)'를 보면 우리가 살면서 용기(Courage), 사랑(Heart), 지혜(Brains)만 있어도 힘든 세상에서 건더낼 수 있을 것 같다. 그것이 없어서 마법사 오즈(OZ)를 찾아가는 세 명과 도로시(Dorothy). 그들은 힘든 여정 속 자신이 가지길 원하는 것을 얻기 위해 서로에게 힘이 되어줘야 한다. 그런 상황에서 머리를 쓰기 시작하는 허수아비, 위험한 상황에 앞장서서 모두를 지켜주다 용기를 얻게 되는 겁쟁이 사자. 마지막 장면에서 어떻게 고향에 돌아가냐고 하는 말에 "네가 갖고 있잖아."라고 말하는 장면은 우리의 삶 속에 우리는 사람을 찾아다니며 나의 문제를 해결하길 원하지만 결국 그것을 해결할 열쇠는 내 안에 있다는 것을 깨닫게

The Wonderful Wizard of OZ / L. Frank Baum

하는 대목이었다. 멋진 영어 동화들이 한국에서 생각하는 동화로 자리 잡길 바란다. 신데렐라, 백설공주 같은 동화도 좋지만, 이 책을 통해 앞으로 더 다양하게 삶을 살아가는 방법을 풀어가는 영어동화들이 많이 정착하는 다리가 되면 좋겠다.

어떤 책보다 이 책의 그림을 권한다. 대사관에 근무하신다며 찾아오신 사모님이 있었다. "이 책을 보고 시리즈를 다 사고 싶다." 며 구해 달라고 하시던 분이기도 했다. "엄마가 어릴 적 읽어주시던 사랑이 떠오른다." 하시던 그분이 생각난다.

사랑은 흐른다(River flows)라는 영화제목처럼… 사랑(Heart), 용기(Courage), 지혜(Brains)가 필요하다는 대사가 살면서 너무나 실감난다. 아이들에게 들려주고 싶은 주제가 아닐까 싶다.

유학 혹은 자녀교육으로
해외 생활을 하다가 귀국한 어머님

유학생활이 너무 힘들었다며 내 아이들은 일찍 보내고 싶지 않다는 어머님들이 있다. 늘 가지 않은 길에 대한 막연한 동경이 있듯, 유학 가지 않은 분들은 그리움처럼 남아있는데, 막상 다녀온 분들은 힘겨운 삶보다 가족과 헤어져 있었다는 것이 후회로 남아있는 모양이다. 대학원 때나 결혼시켜 보내고 싶다는 분들, 음악, 미술, 체육 같은 예술 계통이나 정형화된 공부가 맞지 않는 자녀들은 유학생활의 결과가 긍정적인 반면에, 문과 유형의 자녀를 둔 어머님들은 반반의 의견들이 많았다.

또한 유학 생활로 한국으로 돌아오지 않는 자녀들에 대한 아쉬움도 있고 자녀들이 어디에도 정착하지 못하고 살아가는 것이 안타깝다는 말씀들을 들으며 정답이 없다는 생각을 했다. 한국에서도 다 성공할 수 없듯 외국에서도 미찬가지다. 우리 아이들의 성향이 맞는지 어떤 상태일 때 보내는 게 맞는지 더 많이 생각해야겠다는 생각을 하게 된다.

The Treasure / Uri Shulevitz

무엇보다 가족의 이별은 아니다. 너무 이른 이별은 더 아니다. 그래서 영어 교육을 시작한 이유이기도 했고 내가 가는 길이 조금이나마 그들의 2세에게 도움이 되길 바란다. "아, 이렇게 아이들은 제나이에 배워야 하는 게 있는데, 너무 공부 위주로 가르쳤구나. 이렇게 했으면 한국에서도 가능한 것들이 있었는데." 하던 그들에게.

가장 소중한 보물은 가장 가까이에 있었다는 것, 보물을 찾아 너무 멀리 갔었는데 결국 내 집에 있었다는 이야기가 감동이다. 짧은 이야기 속에 긴 말이 필요 없이 마음에 꽂힌다.

점수중심의 입시영어를
가르쳐야 하는 선생님

고등학교 영어 선생님이기 이전에 이제 4살 되는 자녀를 둔 엄마 이야기다. 그러다 보니 전공인 영어가 더 조심스럽게 다가온다. 내 아이는 되도록 내가 배운 방식으로 영어를 가르치고 싶지 않다는 것이 모든 영어 관련 선생님들의 대답이었다. 그러나 몰라서, 겁이 나서 혹은 너무 많은 시간과 에너지가 들고, 남들이 가지 않은 길을 나 혼자 간다는 것이 귀찮고 두렵다고 하셨다. 그런 그들이 가지 않은 길을 나는 선택했고 항상 그 선택한 길을 떠나지 못하게 하나님은 막다른 길을 내어주셨다.

포기하지 않게, 아이들과 함께 영어책의 그림과 내용의 매력에 빠졌다는 것도 있지만 답이 보였기에 놓을 수가 없었다. 아이가 한글처럼 자연스럽게 가는 방법이 있을 거라는 보물을 찾아 밤을 홀딱 새며 헤맨 날이 내겐 새벽공기처럼 시원했다.

또 하나를 발견하고 또 하나를 이뤄가며 자신 있게 그들에게 전하고 싶었다. 왜 아닌 걸 알면서 또 똑같이 가시느냐고. 그러던 중 많은 영어 선생님들이 자녀를 데려오시기도 하고 직접 나와 같은 길을 걷고 싶어 하시는 것도 보며 감사했다.

그중에 가장 기억나고 감사한 분은 한 고등학교 영어 선생님이었다. "물질이 허락되는 아이들은 원서의 새로운 세상을 경험하지만 그렇지 않은 아이들은 문명의 새로운 달콤함을 경험하지도, 영어학습의 즐거움도 얻지 못한다. 나는 이 아이들이 안타깝다."고 말하자, 강의를 다 들으시고는 고등학교에 복직해서 꼭 영어책 동아리를 만들어야겠다고 하시고 가신 분이셨다. 자녀를 위한 파닉스 강의를 듣고는 "아! 우리는 이걸 이렇게 발음기호로 배워서 발음도 글도 잘 못하는군요." 하시며 신기해하던 모습이 기억난다. 꼭 이런 분들이 많아지길 바란다. 아이들이 영어가 즐거워지도록.

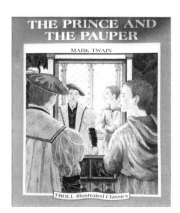

The Prince and the Pauper /
Mark Twain

학교에 복귀하면 꼭 영어 원서 수업 동아리를 개설하고 싶다며 책 추천을 부탁하시던 4살 아이의 엄마이자 고등학교 영어선생님이셨던 그분에게 권했던 책이다. 챕터에 들어가기 전에 영어책에 맛을 주는 건 무엇보다 더 중요하다.

영어 책에 흠뻑 빠지게 만들어 준
Ms. Adele

한국을 떠나고 싶었지만 세 번이나 유학을 막으시고 한국에서 오히려 최고의 분들을 만나게 해준 하나님의 계획은 놀라울 수밖에 없다. 아이가 5살, 1살로 정말 엄마로서는 힘든 시기였지만 가장 많이 책을 필요로 했던 때이기도 하며, 무엇을 보여주고 어떻게 접근해야 할지 알 수 없던 시절이기도 했다. 내가 두드린 사람은 최고의 사람이었다. 60대가 될 때까지 30년 가까이를 캐나다 어린이 방송에서 로버트 먼치(Robert Munch)와 같은 쟁쟁한 사람들을 어린이 방송에 초대해 인터뷰하고 아이들을 위한 스토리텔러가 되었다는 Ms. Adele을 만난 건 내 삶에 엄청난 사건이었다.

그녀가 내 집을 방문하고 매일 밤새 책에 관해 이야기를 듣고 나눌 때면 '아, 이렇구나!' 하며 형상이 만들어짐을 깨달았다. 목소리, 어조, 표정, 어떤 책을 어느 시기에 접근할 것인가. 내가 알지 못한 마더구스(Mother Goose)의 웃기는 이야기까지. 몇 달을 찾아도 알 수 없던 것을 그녀의 목소리를 통해 생생히 알게 되었다. 너는 꼭 한국에서 이것을 위해 활동하라는 말씀과 "You are my BEST Friend!"라는 말씀, 그리고 이와 함께 지어주신 이름 'KEETS' 즉 'Koreans Encouraging English Through Stories'. 한국 아이들이 영어책 이야기로 성장할 수 있어야 한다며 "유치부에게는 학습이 필요하지 않다."고 말하던 그분을 평생 잊지 못할 것 같다.

화가인 남편과의 슬하에 있는 6명의 자녀들 중 멋진 재즈가수가 된 화려한 자녀도 있지만 장애를 가지고도 결혼한 뒤, 열대우림(Rainforest)에서 사는 딸이 가장 자랑스럽다고 하시던 말씀이 엄마로서 부끄러워지는 순간이었다.

한국을 구경시켜 드렸더니 바다를 보시고는 너무 아름답다고 캐나다의 흰 고래(Buluga whale) 울음소리를 듣고 싶다던 그분, 한국의 고려는 캐나다의 역사와 닮은 것 같다던 그분, 노래방에서 너무 노래를 잘하셔서 외국인들은 노래를 못 하나 싶던 나의 고정관념을 멋지게 깨뜨려 주신 분이었다. 그림을 그리며 몇 시간 동안 나를 꺄르르 웃게 하시던 화가인 남편 되시던 분까지. 한국이 너무 알고 싶어서 왔다던 그 두 분을 너무 존경한다. 그렇게 내 삶도 멋지고 아름답게 늙고 싶다. 그들처럼. 이제 그들은 하늘나라에서도 또 가장 바쁘게 지내고 계시지 않을까 싶다. 그들에게 최고의 감사를 보낸다.

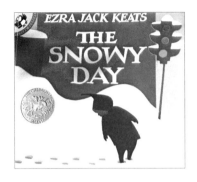

**The Snowy Day /
Ezra Jack Keats**

그분이 이 책을 제가 갖고 있다고 보여주니 끌어안고 "I Love This!" 하시며 좋아하던 책이다. 왜 한국은 유치부 꼬마들에게 자꾸 공부를 시키는지 모르겠다며 이런 책을 읽혀줘야 한다던 책이다. 표지만 봐도 눈 밟는 소리와 그녀의 목소리, 그리고 표정까지 느껴지는 것 같다.

일반 외국인 선생님들과는 감정이입이 너무나 다른 그녀만의 독특한 스토리텔링을 본 뒤로 더 이 책이 귀하게 느껴졌다. 좋은 영화 한편을 보고 온 듯.

신을 뛰어 넘은 부모의 사랑을 가르쳐준 Ms. Leah

　외국인을 만나면 대부분 큰 동작과 과한 표정에 부담이 온다. 그런데 선생님이기 이전에 엄마이기에 나는 용기를 낼 수 있었던 것 같다. 학생들과 자녀를 교육시키다 문득 '더 이상 내가 알지 못하는 다른 교수법이 있을 기야' 하는 한계를 느낄 때면 현지에 있는 원서책을 뒤적이다가 여러 가지 방법을 찾았지만 그마저도 한계에 부딪칠 때가 있다.

　초등 4학년 학생을 수업할 때였다. 아이에게 여러 학습 과정을 주면 쏙쏙 흡수하는 느낌이 들며 쓰기(Writing)가 상상 이상으로 되는 걸 발견한 순간, 내가 잘 하고 있는 건지 검증받고 수정받고 싶어졌다. 한창 영국식 발음이 너무 예쁘다면서 흉내 내며 '왜 나는 외국인과 똑같지 않을까 고민하고 뭔가 다른 이 차이를 극복할 수 있을까?' 고민하던 아이도 있었다. 그때 나에게는 또 다시 행운이 찾아왔다. 문을 두드린 그분은 서울대 영문과 교수님인 줄도 모를 정도로 여느 애기 엄마처럼 보일 뿐만 아니라 모유 수유를 강조하시는 씩씩한 분이셨다.

이런저런 이야기를 하다가 '아! 이분이면 가능할 것 같다' 싶었다. 교수님이기 이전에 세 자녀의 엄마이기를 선택하신 분이기도 했다. 아이는 엄마가 키워야 하고 모유수유를 꼭 해야 한다며 대학 강단을 그만 두었다는 걸 알고는 더 존경하고 싶었다.

한국에는 왜 모유수유를 위한 휴식시간을 안 주냐는 그 두 분은 사실 신부님, 수녀님이 되려고 했다가 아이가 너무 예쁘다며 결혼하셨다고 하셨다. 꼭 헤어질 때면 예쁘게 인사하도록 가르쳐 주셨다. 한국 제사음식을 시어머님께 배우는 데 너무 재미있다며 나중에 통화하자고 하시던 분이라 이렇게 예쁜 외국인을 만나다니 너무 기뻤다.

아이들에게 저녁마다 『The Chorinicle of Narnia』(나니아 연대기)를 읽어주신다며 놀러오셨다가 나니아 그림책을 보더니 너무나 좋아하셨다. 예쁜 성을 그리던 둘째 아들을 비롯하여 두 아이들이 정신없이 뛰어다녀 애기를 재울 수 없을 것 같아 'Heaven's Ticket'이라는 이야기를 들려주니 한 번만 더 해달라며 모유수유하다 쫓아 나오기도 하셨다. 내가 소장한 영어책을 보시고는 너무 좋아하던 자녀들, 아이들에게 파스타가 아닌 칼국수를 끓여주시던 분이었다.

책과 함께 두 분의 사랑으로 이제는 참 많이도 컸으리라.

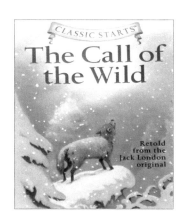

The Call of the Wild / Oliver Ho

그 분이 초등학생이었던 아들에게 선물해주신 책이다. 항상 생각하는데 도움이 되는 책을 추천해주서서 너무 감사했다. 다시 뵙게 되길.

결론

어머님들이 걱정했던 아이들이 수업을 통해 예쁘게 성장할 때면 너무나 감사합니다. 한국에서 태어나 10대부터 영어를 시작해 평생을 영어공부를 해도 답답하기만 했던 영어습득방식이, 엄마에게 한국어를 배우듯 자연스럽게 묻어날 수 있는 뭔가 체계가 있었으면 하는 마음으로 발견한 마지막 히든카드가 영어동화책이었고, 7 STEP을 만들게 된 계기였습니다.

　내게 이런 기쁨을 준 동화책이, 나의 자녀가 아빠가 되어도 그대로 전수되고 많은 사람들의 마음에 전달되길 바라는 마음으로 이 책을 쓰게 되었습니다.

　자녀들과 부모님들이 조기교육으로 너무 힘들어 하는 모습을 보고 "영어동화책의 목적은 이게 아닌데. 잘 전달되어야 하는데." 하는 간절함에 이 책을 쓰게 된 것 같습니다.

　조기교육의 잘못된 정보와 방법으로 오히려 영어를 싫어하고 지쳐 오는 아이가 너무 많아, 이제라도 많은 강의가 자녀의 학습영어와 속도에 집중할 때, '다른 아이와 같지 않은 내 아이'에 집중하길 권합니다. 같은 공부라도 기쁘고 즐겁게 하도록, 자녀의 적기를 놓치지 않도록.

너무 빠르지는 않는지, 아이가 힘들어 하지는 않는지, 아이가 어떤 분야에 관심을 갖는지, 지금은 끌어 당겨야 하는지, 쉬어 주어야 하는지를 지혜롭게 판단해서 아이들이 파도 타듯 영어를 즐기길 바랍니다.

점수에 지쳐 영어를 좋아하지 않던 아이들도 제 나이에 배워야 할 방식으로 다시 영어가 좋아지는 계기가 되길 바랍니다.

"어떻게 다른 사람이 나의 힘겨움을 공감할 수 있어요? 그건 있을 수 없어요. 그냥 맞춰주는 거예요."라는 한 고등학생의 말을 들으며 이 세상의 부모와 자녀들이 좋은 영어책을 통해 메마른 사회에 순수함을 마음 한쪽에 간직하길 바랍니다.

책을 통해 부모가 같이 공부하며 그들과 이야기를 나누는 테라피가 이뤄져 마음의 짐들이 정리되어야 아이들은 공부에 집중할 수 있습니다. 위로가 되는 책이 되길, 그럼에도 불구하고 부모도, 친구도, 선생님도 아무도 힘이 될 수 없는 순간에 하나님의 사랑과 지혜가 역동적인 힘이 되길.

내 아이만이 아니라 Next Generation(다음 세대)에 이 땅을 지킬 모든 청소년들이 건강하게 자랄 수 있도록 함께 만들어가길 바랍니다.